Reinhold von Lichtenberg

Über den Humor bei den deutschen Kupferstechern und Holzschnittkünstlern des 16. Jahrhunderts

Literaricon

Reinhold von Lichtenberg

Über den Humor bei den deutschen Kupferstechern und Holzschnittkünstlern des 16. Jahrhunderts

ISBN/EAN: 9783959135436

Auflage: 1

Erscheinungsjahr: 2015

Erscheinungsort: Treuchtlingen, Deutschland

Literaricon Verlag Inhaber Roswitha Werdin, Uhlbergstr. 18, 91757 Treuchtlingen

www.literaricon.de

Dieser Titel ist ein Nachdruck eines historischen Buches. Es musste auf alte Vorlagen zurückgegriffen werden; hieraus zwangsläufig resultierende Qualitätsverluste bitten wir zu entschuldigen.

UEBER DEN HUMOR

BEI DEN

DEUTSCHEN KUPFERSTECHERN

UND

HOLZSCHNITTKÜNSTLERN

DES 16. JAHRHUNDERTS.

VON

REINHOLD FREIHERR von LICHTENBERG

DR. PHIL.

MIT 17 TAFELN

STRASSBURG

J. H. ED. HEITZ (HEITZ & MÜNDEL)

1897.

INHALT.

Seite.

Vorwort.

Um über das Kunstschaffen einer Zeit, besonders einer solchen, in der neue künstlerische Anschauungen zum Durchbruche kommen, einen Ueberblick zu gewinnen, ist es nöthig neben der Künstlergeschichte dieser Epoche, auch die Entwickelung der einzelnen neu auftauchenden Gebiete für sich zu betrachten.

Diesem Gesichtspunkte folgend, habe ich mich früher mit der germanischen Landschaftsmalerei im 16. Jahrhundert beschäftigt- und auch die vorliegende Untersuchung über den Humor in An, griff genommen.

Das 16. Jahrhundert bot ja so viele, neue Anregungen, eine gegen früher so sehr verschiedene Lebensauffassung verschaffte sich Geltung, dass es sich wohl der Mühe lohnt, diese neuen Errungenschaften genauer zu verfolgen.

Ueber den Humor in der Literatur ist seit den letzten Jahrzehnten des vorigen Jahrhunderts, da Flögel seine „Geschichte der komischen Literatur" verfasste, und auch über das Burleske schrieb, bis in neuere Zeit eine recht umfangreiche Anzahl von Büchern und Aufsätzen geschrieben worden.

Ueber den Humor bei den bildenden Künsten dagegen, finden wir, ausser gelegentlichen Bemerkungen bei Behandlung einzelner Künstler, noch nichts zusammenfassendes.

Manche Darstellungen, besonders einzelne in dem Abschnitte über das tägliche Leben erwähnte Bilder, erscheinen auf den ersten Blick vielleicht nicht als eigentlich humoristisch, sind aber für die Auffassung damaliger Zeit doch ein Beweis, dass die Künstler die sie umgebenden Erscheinungen mit lebhafterem Interesse und Sinn für Humor, als in früheren Perioden beobachteten.

Auch werden noch manche Kunstwerke humoristischen Inhaltes zu finden sein, die ich nicht besonders erwähnt habe, da sie doch kein neues Gebiet des künstlerischen Humors vertreten, und ich in allen Abschnitten eine genügend grosse Anzahl von Beispielen gebracht zu haben glaube. — Mein Augenmerk war besonders darauf gerichtet, die Erscheinungen auf jedem Gebiete vom Anfange des 16. Jahrhunderts bis zu den letzten Künstlern dieses Zeitabschnittes zu verfolgen.

Einleitung.

Ein frisches, fröhliches Leben und Streben war es, das sich gegen Ende des 15. und am Anfange des 16. Jahrhunderts zu regen begann, und jedem Gebiete im menschlichen Leben, besonders aber der Religion, Wissenschaft und Kunst neue Wege und Ziele eröffnete. — Grosse Entdeckungen und Erfindungen trugen das ihre dazu bei, den geistigen Ausblick zu erweitern und breitere Volksschichten an der Kultur-Entwickelung theilnehmen zu lassen.

Die Kunst war das ganze Mittelalter hindurch beinahe ausschliesslich im Dienste der Kirche gestanden, so dass in Malerei, Plastik und zum grossen Theile auch in der Architektur fast nur religiöse Kunstwerke entstanden.

Auch in der Kleinkunst, der Ausschmückung der Handschriften mit Bildern, nehmen die religiösen Werke naturgemäss einen grossen Raum ein; denn die Pflege der Kunst wurde ja besonders in den Klöstern betrieben, und die Werke für die grossen Kirchen verfertigt, oder in Form von verzierten Gebetbüchern für Könige und Fürsten in Auftrag oder als werthvolle Geschenke zu besonderen Gelegenheiten hergestellt.

Die Literatur war naturgemäss freier vom Zwange als die bildenden Künste. Das gesprochene Wort, das ja im täglichen Leben alle Regungen der menschlichen Seele und des menschlichen Willens auszudrücken bestimmt ist, blieb auch in seiner Verwendung zu künstlerischen Zwecken nicht so gebunden wie die bildenden Künste. So entstand sehr bald schon eine reiche Literatur, und in der Dichtung, sowohl der höfischen, als der etwas späteren Volksdichtung, finden wir reichlich auch fröhlich-humoristische Züge eingestreut; ja die Volksliteratur scheut sich nicht, sogar in religiösen, dramatischen Aufführungen die allerderbsten Spässe anzubringen.[1]

So kam es, dass die Miniatur-Malerei auch leicht andere Gebiete als das religiöse sich eroberte und sich ausser den Bibeln, Psalterien und Gebetbüchern, auch der Ausschmückung von Rechtsbüchern und Chroniken, sowie der Liederhandschriften und höfischen Dichtungen widmete.

Ein besonderes Gewicht müssen wir hier auf die ornamentale Buchmalerei in den Buchstaben und Seiteneinfassungen legen, denn diese beginnt bereits in der Merowingischen Zeit phantastische Gestalten aufzunehmen, und im 13. und 14. Jahrhundert drängen sich in das Ornament eine Menge launisch erfundener Gestalten und Handlungen aus dem täglichen Leben. Hier allein konnte ein fröhlicher Maler seiner satyrischen oder harmlos fröhlichen Laune die Zügel schiessen lassen. So entstanden in Frankreich und Deutschland die sogenannten „Drolerien“, in denen oft ein ausgelassener Humor, auch allerderbster Art, sogar an dazu ganz ungeeigneten Orten, wie z. B. in der Wenzelsbibel (Wien, Hof-Bibliothek Nr. 2759) zum Vorschein kommt.[2]

Zum grossen Theile mögen diese Drolerien durch die architektonische Plastik beeinflusst sein, in der sich eine derartige Ornamentik schon im romanischen Style heimisch gemacht hatte.[3]

In diesen Drolerien sehen wir schon eine Menge Gebiete im Ornamente angebahnt, die wir später in selbständigen Kunstwerken wieder finden werden; Masken und Karrikaturen, lustige Darstellungen aus der Thierfabel, spöttische Bilder über das Leben der Mönche und Vornehmen und manches andere mehr.

---

1 Siehe Karl Weinhold: Ueber das Komische im altdeutschen Schauspiele. — Im Jahrbuch für Literatur-Geschichte von Richard Grosche 1865, S. 1—44.

2 Vgl. Woltmann und Wörmann: Geschichte der Malerei. I. 282 f. 350 f u. a. Stellen. — Janitschek: Geschichte der deutschen Malerei, Kapitel V.

3 Vgl. dazu die bei Woltmann und Wörmann a. a. O. I. 383 angegebene Literatur darüber.

Aber, wie bereits hervorgehoben, nur das Ornament war es, das den Künstlern Raum für derartige Bethätigung bot. Da tritt nun bereits im 15. Jahrhundert eine bedeutende Aenderung ein. Bleibt auch noch bis tief in das 16. Jahrhundert hinein in der Tafelmalerei das religiöse Bild die Hauptsache, ja wird in reine Landschaftsbilder immer noch eine religiöse Staffage eingesetzt,[1] so beginnen doch besonders seit der zweiten Hälfte des 15. Jahrhunderts eine Menge neuer Stoffe in die Kunst einzudringen. Zuerst bot sich Gelegenheit der Landschaft breiteren Raum zu gewähren; es folgen dann die Anfänge des Genre-Bildes und die übrigen Gebiete allmählich nach, zu denen allen die ersten Anfänge in religiösen Bildern zu suchen sind. Aber die grossen und theuern Tafelgemälde wurden doch hauptsächlich für Kirchen bestellt; leider muss man sagen, dass Schillers Worte:

«Kein Augustisch Alter blühte,
Keines Medicäers Güte
Lächelte der deutschen Kunst.»

besonders für jene Zeiten völlig wahr und treffend sind. In Italien sahen sich die Künstler durch die Prunkliebe der Grossen und durch Aufträge der mit den Gewaltigen rivalisirenden Städte vor grosse und bedeutende Aufgaben gestellt. Nicht so in Deutschland.

Da wurde nun die Erfindung der Buchdruckerkunst von gewaltiger Bedeutung. Leicht, rasch und billig, wenigstens billiger als vordem, konnten nun die Erzeugnisse des Geistes verbreitet und zum Gemeingute vieler gemacht werden. Auch für die Vervielfältigung von auf Holzstöcke gezeichneten und dann eingeschnittenen Bildern war diese Erfindung vortrefflich zu verwenden; und so kamen schon um die Mitte des 15. Jahrhunderts mehrere Bücher mit erklärenden Bildern aus der Presse. — Nun war den Künstlern die Gelegenheit gegeben, alles, was sie darzustellen sich gedrängt fühlten, auf eine schnelle Art in vielen Stücken herzustellen. Dadurch aber kamen ihre Werke, wenn sie auf einzelne Blätter gedruckt waren, noch leichter als Bücher, in breite Schich-

[1] Vgl. dazu mein Buch: Zur Entwickelungsgeschichte der Landschaftsmalerei bei den Niederländern und Deutschen im 16 Jahrhundert. Heft 18 der Beiträge zur Kunstgeschichte (Neue Folge). Leipzig, Seemann 1892. Besonders auch S. 83.

ten des Volkes. So wurden Kupferstich und Holzschnitt zur wahren Volkskunst. War hiedurch schon den Malern, welche auch für den Formschneider arbeiteten, oder selbst auf die Kupferplatte stachen, die Gelegenheit nahegelegt, alles, was dem Volke wünschenswerth erscheint, ihm in bildlicher Darstellung zum Kaufe zu bieten, so war in den beiden Arten der Schwarzkunst noch der Umstand von grosser Bedeutung, dass die Miniaturmaler nun selbst als sogenannte „Briefmaler" sich mit diesen Vervielfältigungs-Künsten beschäftigten, ja allmählich, als die mit der Hand geschriebenen Bücher immer seltener wurden, ganz und gar auf dieses Gebiet übergingen. So waren z. B. die Mitglieder der Familie Glockenton in Nürnberg Illuministen und Briefmaler. In einer Urkunde vom 30. Juni 1491,[1] welche einen Rechtsstreit des Glockenton mit Hans Rieger, wegen dessen Sohn, der bei Jörg Glockenton Lehrling war, enthält, wird „*Jörg Glockenthon*" „*Illuminist*" genannt; und am 13. September 1521 (Cons. 29 fol. 6 b.) bekennt „*Agnes Jacob Mairs ewirtin*", dass sie der „*Kungund Glogkendonin für Calender und gemalt briefe*" „*17 Gulden minder eins halben Orts*" schulde. Die Söhne Glockenton, besonders Albrecht, haben sich sowohl mit der Herstellung von Miniaturen, als solcher gedruckter, fliegender Blätter, damals Briefe genannt, beschäftigt.

Diese Briefmaler scheinen sehr bald ihre Werke selbst gedruckt, vielleicht auch zuweilen selbst in Holz geschnitten zu haben, wofür auch zwei Nürnberger Urkunden sprechen. Am 23. July 1535 (Cons. 47. fol. 41 b.) bekennen „*Steffan Hamer Briefmaler und Helena sein Hausfraw*" der „*Katharina Simon dunckels Buchtrukers seligen wittib*" 40 fl. „*für ein truckzeug den sie von Ir erkaufft haben schuldig zu sein*", und am 30. Oktober 1535 bestätigt „*Katharina Dunklin*" das Geld erhalten zu haben. Auch bekennen am 18. Juni 1520 (Cons. 27 fol. 40 b.) „*Niclas*

---

[1] Im Nürnberger Stadt-Archive Conservatorium Bd. 79. fol. 169 a. Die Conservatorien und libri literarum sind Folianten, die vor einigen Jahrzehnten im Nürnberger Rathhause gefunden wurden, und sehr wichtige Urkunden über Geldschulden und Besitzwechsel enthalten. Sie werden im Nürnberger Stadt-Archive aufbewahrt, während die Gerichts-Protokolle, die sogenannten Raths-Protokolle, im kgl. Kreis-Archive zu Nürnberg erliegen. Diese werden im Folgenden mit R. P. abgekürzt.

Melman [= Meldemann] *briefmaler unnd Elspet sein eeliche Hausfraw*" der „*Anna hannsen Stengels briefmalers verlassen wittib vier und neunzig gulden Rechts an den verkaufften werkzeug zum briefmalen zu bezalen;*" was doch bei dem hohen Preise auf ein sehr grosses Werkzeug, vielleicht auch eine Druckerpresse, schliessen lässt. Ferner werden in dem Buche: „*Aller Handtwerck Ordnung und Gesetze, verneut Anno MCXXXV*"[1] noch am 28. July 1571 in einer „*Ordnung der Buchtrucker Formschneider und Briefmaler*" für alle diese Gewerbe gemeinsame Bestimmungen erlassen.[2]

Wie bald aber solche in der Presse hergestellte Blätter in vielen Stücken verbreitet wurden, zeigt nicht nur der Umstand, dass solche Blätter auf die Messen geschickt wurden, sondern auch die Thatsache, dass Albrecht Dürer bereits im Jahre 1500 einen eigenen Unterhändler hatte, der seine Werke ausserhalb der Stadt verkaufte. Cons. 6 fol. 53 b. unter dem 21. August 1500 heisst es: „*Hans Arnolt maler confitetur nachdem Albrecht Dürer Jacoben Arnolt seinen bruder aufgenomen hat mit Kunst auszuschicken Im die zu uerkauffen das er dem genanten Dürer für den genanten Jacoben Arnolt seinen bruder Allemale umb das und den werd damit er In zu zeiten ausschicken würd pürg unnd selbschuld werd beleyben sol und wol.*"

Schon frühzeitig hatten die Briefmaler eigene Verkaufsstände, und es scheint auch bald Geschäftsneid unter ihnen ausgebrochen zu sein, denn in den Nürnberger Raths-Protokollen von 1499 (R. P. 1499 Heft V. f. 6a) wurde am 23. März (Sabbato ante Dom. Palmarum) folgende Verordnung erlassen „*Item den brief* [„*karten*" ist durchstrichen, „*brief*" übergeschrieben] *molern die bisher In dem portal vnser fr*[*auen*] *Capell Ire briefe vail gehabt haben, Ist vergont, solichs hiefur auch zu gebrauchen. doch auff eins Rats widerruffen, nach dem sie solichs alleyn auss gunst vnd keyner gerechtikeit haben, vnd mit der droe vnd warnung das sie*

---

[1] Im kgl. Kreis-Archvie zu Nürnberg. Mscr. Nr. 542.

[2] Von anderen Gesichtspunkten aus kommt R. Kautzsch in seinen: «Einleitenden Erörterungen zu einer Geschichte der Deutschen Handschriften-Illustration» zu demselben Schlusse, dass Miniaturmaler, Briefmaler und Bilddrucker oft dieselben Personen waren. Kap. VI. Studien zur Deutschen Kunstgeschichte. Heft 3. Strassburg Heitz u. Mündel, 1894.

sich (6 b) gegen einander eins zimlichen zuchtigen stillen vnd freundlichen wesens halten, dann welch das nit hielt, den selben wölte ein Rat das vail haben daselbst verpieten vnd nit mer gestatten — darnach sie sich mögen richten.

Dies alles, sowie die grosse Menge uns erhaltener solcher Blätter, zeigt wohl recht deutlich, wie weit schon sehr bald die Sitte diese gedruckten Bilder zu kaufen besonders in jene Volksschichten eingedrungen sein mag, die sich den Ankauf von Oelgemälden nicht gestatten konnten. Diese Volksschichten kauften aber nicht nur religiöse Bilder, wenn diese auch noch immer einen grossen Theil ausmachten, sondern sie hatten noch so mancherlei geistige Bedürfnisse, die zu befriedigen nun das gedruckte Wort und das Bild ihnen viel leichter machten, als es vorher je denkbar gewesen. — Kühne Seefahrer durchzogen damals die Meere, man hörte von wunderbaren Ländern, Völkern und Thieren, von fernen Kämpfen; in der Religion bereiteten sich auch schon vor Luther grosse Umwälzungen vor, in denen das Volk für oder wider Stellung nahm; das Volk begann sich zu fühlen und interessirte sich für sich selbst. So war nun eine Fülle von neuen Anregungen und Gedanken geschaffen, die sich alle auch in der Kunst wiederspiegelten. Bald bringt der Künstler wunderbare Ansichten, bald tritt er auch mit Humor und Satyre vor seine Käufer, indem er ihnen einen Spiegel ihrer selbst vorhält, oder mit den Käufern Stellung für eine der damals auftauchenden Richtungen nimmt.

Und wirklich finden wir bereits in der zweiten Hälfte des 15. Jahrhunderts eine Menge von Darstellungen humoristischen Inhalts. Einige Beispiele mögen hier noch angeführt werden. Einen noch, ich möchte sagen, mittelalterlichen Stoff, welcher auch in Miniaturen und Wandgemälden (z. B. in Schloss Runkelstein in Tirol) auftauchte, bringt der sogenannte „*Meister der Liebesgärten.*“ Ein fröhliches Betrachten der Natur und Freude an Geselligkeit ist in den beiden Blättern, nach welchen ihr Urheber genannt wird, ausgesprochen. In einem weiten Garten bewegen sich mehrere vornehme Paare. Ein Herr spielt mit seiner Dame Karten, eine andere Dame spielt die Laute, wozu ihr Ritter von einem Notenblatte singt, andere Paare ergehen sich im Garten, die Herren bieten ihren Damen Erfrischungen, die auf einem

Tische stehen, an; und damit nichts ermangele, sehen wir in einem vorbeifliessenden Bache zwei Flaschen zum Einkühlen stehen. Mancherlei Gethier, in den Grössenverhältnissen freilich recht unglücklich ausgefallen, treibt sich im Wald, auf der Wiese und in der Luft umher, und im Vordergrunde spielen ein Affe und ein Bär mit einander.

Schongauer und Israel van Meckenen lieben es auch in ernst religiösen Blättern, wie in der Passion Christi, im Vordergrunde spielende Hunde anzubringen, was wohl in der den germanischen Völkern seit jeher innewohnenden Thierliebe, die sich schon sehr früh in der Thierfabel äusserte, seinen Grund haben mag, und auf einer fröhlichen aber scharfen Beobachtung des Lebens beruht.

Sah der Künstler täglich im öffentlichen Leben auf der Strasse neben den Handlungen der Menschen auch die Hunde wieder für sich ihr Wesen treiben, so lag es ihm nun nahe, derartige, glücklich abgelauschte Züge nun auch in seinen Werken anzubringen. Auch sonst verwendete Schongauer Thiere sehr gerne, so z. B. in dem Blatte B VI Nr. 89. Ein Bauer treibt einen mit dem Sacke beladenen Esel vor sich her, munter trabt ein junges Eselchen daneben. B. 95 zeigt eine Schweine-Familie, wo vier junge Ferkelchen vergnügt umher spielen. Rein nur einer fröhlichen Laune entsprungen ist das Blatt B. 91, welches zwei raufende Goldschmiedelehrlinge zum Vorwurfe hat. Bei Israel van Meckenen finden sich auch humoristische Thierbilder bereits als Selbstzweck. B. 190 zeigt eine lustige Affen-Familie und 191 bringt zwei Affen, welche sich gegenseitig Näschereien aus dem Maule wegzunehmen bemüht sind. In Nr 204 bietet der Künstler eine Darstellung aus der Thierfabel, die auch später noch öfters verwendet wurde, nämlich Hasen, welche den Jäger und seine Hunde am Spiesse braten. Auch in die Buch-Illustration fand die Thierfabel bald Eingang. Um 1490 erschien in Basel eine Deutsche Ausgabe der Aesopischen Fabeln und 1498 eine bei Zainer in Ulm. Beide enthalten eine grosse Anzahl von Abbildungen.

Doch nicht nur so harmlos waren die humoristischen Kunstwerke, auch die Satyre fand bereits im 15. Jahrhundert ein weites Feld in selbständigen Blättern und in der Buch-Illustration.

Schongauer und der etwas spätere Meister MZ (B VI

S. 371 ff.) bringen bereits eine auch im 16. Jahrh. sehr beliebte Satyre auf solche Männer, die sich den Weibern gegenüber zu nachgiebig erzeigen. Ein Mann kriecht auf allen Vieren, während eine Frau, die auf seinem Rücken sitzt, die Zügel in der einen, die Peitsche in der anderen Hand hält.[1] Israel van Meckenen stellt eine alte Frau vor, die sich von einem jungen Burschen Geld abschmeicheln lässt, (B. 169) und ebenso einen alten Mann, der dasselbe von einem Mädchen erfährt (B. 170); oder er zeigt einen Mann, der von seiner Frau mit dem Spinnrocken geschlagen wird, (B. 173) — Aehnliche Darstellungen finden sich auch bei dem Meister

bx8

wo auch plumpe Bauerntänze vorkommen. (Pass. II, S. 121 Nr. 27.)

Und die damals sehr beliebten Bücher moralisirenden oder ironisirenden Inhaltes enthalten eine Fülle von oft recht derb witzigen Bildern. Das 1483 bei Leonhard Holl in Ulm erschienene: *„Buch der Weisheit der alten Meister von Anbeginn der Welt, von Geschlecht zu Geschlecht“* enthält eine Menge sich genau an die erzählten Begebenheiten haltende Holzschnitte, von denen manche humoristischen Inhaltes sind, freilich aber auch nur im Zusammenhang mit der Geschichte verstanden werden können, wie z. B. die fünf Frauen, welche eine Amsel tödten wollen, weil sie den Männern ihre Streiche erzählt.

1493 erschien in Basel das *„Buch des Ritters vom Thurn von den Exempeln der Gottesfurcht und Ehrbarkeit“*. Darin sind ein Menge Beispiele vom guten und schlechten Leben erzählt. Die Illustrationen dazu sind oft recht derb, wie um eine zu nennen, die von der koketten Frau, die sich in den Spiegel sieht und statt ihres Antlitzes *„den tüfel ihr den hyndern zeigend“* darin erblickt.

Und im Jahre 1494 kam auch bei Johannes Bergmann von Olpe Sebastian Brant's noch jetzt berühmtes satyrisches Buch, das

[1] Diese Bilder illustriren eine Geschichte von Aristoteles, als Hofmeister des jungen Königs Alexander und der Hofdame Phylis. — Siehe von der Hagen: Gesammtabenteuer I. 47, wonach auch Passavant (II. S. 114) die Geschichte wiedererzählt.

„*Narrenschiff*“ heraus, wo jede Gattung der geschilderten Narren, der Büchernarr, Modenarr, u. viele andere mit ihren Lieblingsbeschäftigungen getreu im Bilde wiederkehren.

Jakob Wimpfeling gab 1501 „*De fide concubinarum*“ in Ulm bei Hohenwang heraus, welches Buch auch 12 satyrische Holzschnitte enthält.[1] Ein junger Mann lässt seiner Schönen ein Ständchen bringen; statt Dank zu ernten, wird er von ihr aus dem Fenster mit Wasser begossen; oder ein Esel besteigt als Professor den Katheder, unter seinen Zuhörern findet man den Bären, Schaf, Ochs und Gans.

Diese wenigen aus der Fülle herausgehobenen Beispiele zeigen schon deutlich, wie viele Gebiete der Darstellung sich der künstlerische Humor bereits im 15, Jahrhundert erobert hat; und es wird wohl begreiflich, wie nun der Humor in der Kunst des 16. Jahrhunderts auf allen Darstellungsgebieten eine so wichtige Rolle einnehmen konnte.

---

1 Ueber solche Bücher-Illustrationen, sowie Druckort und Jahr des Erscheinens giebt genauen Aufschluss «Muther: Die Bücher-Illustrationen der Gothik und Frührenaissance.»

Das sechszehnte Jahrhundert.

Nun kann es wohl nicht mehr Wunder nehmen, gleich zu Anfang des 16. Jahrhunderts eine grosse Anzahl von Künstlern, unter denen uns die glänzendsten Namen begegnen, anzutreffen, die den Humor als wichtiges Mittel künstlerischer Mittheilung benützten und jedem darzustellenden Gegenstande auch eine fröhliche und gemüthliche Seite abzugewinnen wussten.

Die angedeuteten Gebiete verbreiteten sich allmählich weiter und gewannen mehr und mehr an Selbständigkeit; die Gelehrten traten aus ihrer Abgeschlossenheit hervor; durch sie wurden die Schätze des Alterthums, besonders aber die uns von Griechen und Römern überlieferten Sagen, Märchen und Fabeln Gemeingut des Volkes und der Künstler die religiösen Streitigkeiten griffen weiter um sich, und Wort und Bild kämpften mit den Waffen des allerbeissendsten Spottes für oder wider die anbrechende Reformation.

Ehe wir aber an die Betrachtung des humoristisch künstlerischen Wirkens im 16. Jahrhundert herantreten, wird es gut sein, sich über den Begriff und damit über den Umfang des zu behandelnden Gebietes klar zu werden. Es ist nicht meine Absicht, hier eine Definition des Humors zu geben; dieselbe wurde schon vielfach versucht, aber eine gültige Erklärung vom Wesen des Humors ist wohl noch nicht gegeben worden.[1] Auch würde sich

[1] Vgl. auch Dr. Jos. Mülller: «Das Wesen des Humors.» München 1896, Verlag von Dr. Lüneburg.

wohl der philosophische Begriff des Humors durchaus nicht mit dem decken, was ich in der folgenden Untersuchung unter dem Namen eines humoristischen Künstlers verstanden wissen möchte.

Unter einem humoristischen Künstler verstehe ich jenen, der sich nicht mit der einfachen ernsten Darstellung seines Gegenstandes begnügt, sondern entweder in der Darstellung selbst, oder im Beiwerke zu derselben eine gewisse freudige Auffassung zu erkennen giebt, oder aber die Darstellung selbst, sei es mit einer tendenziösen Absicht, oder um ihrer selbst willen, in das Komische hinüberzieht.

So ergeben sich mir drei Unterabtheilungen, in welche ich meinen Stoff einzutheilen gedenke. Diese Unterabtheilungen sind folgende:

I. Die eigentlich mit Humor bearbeiteten Darstellungen, das sind solche, in denen sich im Stoffe selbst oder im Beiwerke die Lebensfreude des Künstlers kund giebt,

II. die satyrischen und ironischen Werke, das sind solche, welche Zeitverhältnisse oder das Benehmen bestimmter Klassen und einzelner Menschen geisseln, und

III. Die komischen Bilder, bei denen der lächerliche Eindruck für sich Selbstzweck ist.

I. Die eigentlich humoristischen Darstellungen.

Natürlich war das religiöse Bild immer noch von grosser Bedeutung, wie ja Darstellungen aus den religiösen Vorstellungskreisen zu allen Zeiten und bei allen kunsttreibenden Völkern zu den edelsten künstlerischen Aufgaben gehörten. So kann es auch nicht Wunder nehmen, dass wir sogar den

Humor in der Staffage religiöser Bilder

wieder finden.

Vorüber waren die Zeiten, da, wie es das ganze Mittelalter hindurch geschah, ein gewisser Vorrath von althergebrachten Typen, mit denen dann die Bilder nach bestimmten Regeln, zum Theile sogar durch Liturgie festgesetzt, zusammengestellt wurden, von

Künstler zu Künstler sich vererbte. Das Bild war nicht mehr vorwiegend Kultbild, sondern wer es erschwingen konnte, kaufte sich derartige Gemälde für seine Hausandacht, und der arme Mann konnte sich eine, ihm besonders liebe Darstellung in Holzschnitt oder Kupferstich erwerben.

Dadurch gewann aber auch das religiöse Bild eine mehr häusliche, dem Gemüthsbedürfnisse des einzelnen Rechnung tragende Art; und so konnte auch hier, bei dem nun die Umgebung und kleine Einzelheiten mehr beobachtenden Zuge der Zeit eine Staffage in die Bilder eingesetzt werden, wie wir sie in früheren Zeiten vergeblich suchen würden. Spielende Kinder und Engelchen umgeben die heiligen Personen; das Thierleben wird mit Liebe zu freundlicher Ausschmückung der Räumlichkeit, in der die heilige Handlung stattfindet, herangezogen.

Dies that aber der Weihe des Bildes durchaus keinen Abbruch; im Gegentheile, indem die Begebenheiten jetzt in eine uns wirklich begreifbare und gewohnte Umgebung gebracht werden, werden sie auch für uns nach der Seite des Gemüthes vertieft, fordern zu eingehenderer Betrachtung auf und erreichen so für den einfachen Beschauer eine tiefere Wirkung, als die früher auf Goldgrund oder vor Teppiche, oft wie raumlos, eingesetzten Gestalten.

Ein so gemüthvoller und tiefpoetischer Künstler wie Albrecht Dürer verwendete natürlich diese Mittel in vielen seiner Werke in reichem Masse. Sein wahrscheinlich frühestes grosses Gemälde ist der Dresdner Altar. (Dresden kgl. Galerie Nr. 1869.) — In einem Zimmer beugt sich Maria in Halbfigur über das schlummernde Christkind. Links sieht man in ein anderes Zimmer, in dem Josef an seiner Arbeit beschäftigt ist. Ein besonderes Leben kommt noch in dieses Gemälde, durch eine Menge sich darin herumtummelnder kleiner Engelchen. Eines wehrt mit einem Wedel dem Kinde die Fliegen ab; andere sind am Boden beschäftigt, indem sie Josef bei seiner Tischlerarbeit behülflich sind, Hobelspähne sammeln und sich sonst zu thun machen.

In Holzschnitten und Zeichnungen finden wir diese reizende, kleine Gesellschaft noch öfter. Zumeist liess Dürer die Engel musiciren; aber er gab ihnen auch noch andere Beschäftigungen. So läuft auf einem Holzschnitte „Maria mit dem Kind und Heiligen“ (B. 95) ein Engelchen einem Hasen nach und erhascht ihn an einem Hinterbeine. Ein ander Mal sehen wir wieder diese kleinen Gestalten dem Josef bei der Arbeit helfend (B. 90). (Tafel 1.)

Aehnlich wendet Hans Baldung Grien solche Engelchen an. In seinem prächtigen Bildchen „Ruhe auf der Flucht“ (Wien-Akad. Gal. Nr. 545) ist Josef an einer Quelle eingeschlafen und ein kleines Engelchen trinkt aus derselben. Viele solcher sind in einem Helldunkel-Blatte (Pass. III 66) um Maria mit dem Kinde beschäftigt, ihr durch Musik ihre Huldigungen darzubringen. Zwei fliegen über der Jungfrau, ihr die Himmelskrone bringend, andere aber musiciren um sie her. Einer spielt die Laute, ein zweiter, der von rückwärts gesehen wird, schlägt die Trommel, wobei er sich so verneigt, dass sein Gesichtchen schalkhaft zwischen den Beinen hindurchblickt, wieder einer liegt am Boden und hört seinen Gefährten zu, während ein vierter, durch die Luft fliegend, dem Christkinde einen Apfel reicht. Von dem Baume schwebt ein Engelchen mit dem Rücken nach abwärts herab und wieder ein anderer übersteigt einen Zaun.

Man sieht, diese Engel geberden sich ganz wie lustige, kleine Kinder; aber wie viel näher kommen deren Huldigungen vor dem heiligen Kinde und seiner Mutter unserem Gefühle, als die grossen, langgewandeten Engel, die auf Bildern früherer Zeit steif und nach höfischer Sitte ihre Kniee vor der heiligen Familie beugen.

War überhaupt früher Maria nur als Himmelskönigin aufgefasst worden, so tritt schon im 15. Jahrhundert eine veränderte Auffassung ein. Maria wird nun mehr das hehrste und edelste Vorbild der Mutter überhaupt. Ein idyllischer Zug, die Freude der Mutter an ihrem Kinde, das unschuldige Spiel des Kindes sind jetzt die Eigenschaften, auf deren Darstellung die Künstler das Hauptgewicht zu legen beginnen.

Wohl die ersten deutschen Bilder dieser Art sind die „Madonna mit der Bohnenblüthe“ (Köln, Erzbisch. Museum) und die mit der Erbsenblüthe (Nürnberg, Germ. Museum), von denen man vermuthet, dass sie noch auf Meister Wilhelm von Köln, also sogar noch in das Ende des 14. Jahrhunderts zurückzuführen sind.[1]

---

[1] Vgl. auch über das Eindringen dieser Richtung bei Meister Wilhelm; Janitschek: Geschichte der deutschen Malerei. S. 210.

Dieser Zug, dass die Mutter etwas, das die Aufmerksamkeit des Kindes zu erregen geeignet ist, in der Hand hält, eine Sitte, die wir auch bei den italienischen Künstlern finden, wird dann immer weiter ausgebildet. Später ist es dann ein Engel oder der kleine Johannes, der dem Kinde zumeist eine Frucht darreicht.

Auf dem erwähnten Blatte Baldungs bringt ein Engel einen Apfel; Lucas Cranach giebt meistens dem Knaben Johannes eine Taube oder einen Apfel in die Hand, um sie dem Kinde zu reichen; z. B. auf einem Bilde in der Galerie zu Gotha (Schuchardt Nr. 306),[1] oder auf einem anderen, das Schuchardt in Jena bei Bergrath Schüler sah, (Nr, 307) und ähnlich auch auf dem Bilde Schuchardt Nr. 320. Ganz reizend verändert aber Cranach dieses Motiv in seinem Holzschnitte: „Ruhe auf der Flucht“ (B VII Nr. 3), wo drei Engel eifrigst bemüht sind, Erdbeeren für das Christkind zu sammeln. Zwei pflücken die Beeren, einer hält eine Schale dazu.

Doch auch noch andere Dienstleistungen liegen diesen kleinen Engelskindern ob. An einem Gewässer sind viele versammelt um das nötige Trinkwasser zu schöpfen, wobei sie auch nicht vergessen ihren eigenen Durst zu löschen; einer sitzt in einem Weidenbaume und schlägt mit einer Axt Zweige ab, wohl um sie auf den Weg zu streuen; und mehrere andere musicieren. Der Gedanke die heilige Familie von kleinen Genien durch Musik und Tanz erfreuen zu lassen, ist überhaupt sehr beliebt. Auf Cranachs Schnitte B. 4, ebenfalls eine „Ruhe auf der Flucht“ darstellend, wird in lustigen Sprüngen ein Reigentanz um die Mutter, die das Kind hält, ausgeführt, während zwei andere Kindengel in den Aesten eines Baumes ein Adlernest ausnehmen. (s. Tafel 2.) In einem Gemälde, einer Ruhe auf der Flucht, von 1504 (München bei Dr. Fiedler) ist gar eine reiche Fülle derartiger Scenen angebracht. Einige bekleidete Engel singen und spielen auf Flöten, ein kleiner, nackter, reicht dem Kinde eine Traube, von links kommt einer höchst eilig herbei um einen Papagei anzubieten;

---

[1] Schuchardt: Lucas Cranach d. ä. Leben und Werke. Bd. II u. III. Leipzig, Brockhaus, 1851 u. 1871.

einer steht an einer Quelle, Wasser schöpfend, und endlich wieder einer ist an dieser Quelle eingeschlafen.[1]

Springinklee, Dürers Schüler, lässt in einem Holzschnitte „Josef und Maria das Kind verehrend“ (B. VII 328 Nr. 51) drei Engel das auf dem Boden liegende Kind fröhlich umspielen. Auch Daniel Hopfer bringt einen solchen Kinderreigen auf einem Blatte „Maria das Kind liebkosend“ an (B. VIII. Nr. 40). Reizend sind auch die Engelgruppen, welhe auf der Altdorferschen „Ruhe auf der Flucht“ (Berlin kgl. Galerie 638 B) den Brunnenrand umspielen. Einer schwimmt sogar im Wasser nach dem sich herabbeugenden Christkinde hin.

Hans Holbein d. ä. bringt schon 1499 auf dem in Nürnberg befindlichen Bilde der thronenden Madonna zwei Engel an, welche dem Kinde Blumen reichen (Woltmann II. Nr. 263.)[2]

Sehr geschmackvoll verwendete Holbein d. j. eine musicierende Engelgruppe in seiner in Basel befindlichen Skizze zu den Orgelthüren, zwischen Maria mit dem Kinde und dem hl. Pantale an. Wie könnte wohl sinniger ein Bezug zwischen der irdischen Kirchenmusik und den Chören der himmlischen Heerschaaren hergestellt werden!

Solche Beispiele liessen sich noch viele anführen. Häufig wird auch eine Staffage von Thieren angebracht: die entweder die Idylle des Bildes erhöhen, oder einen Gegensatz zwischen dem Menschen- und Thier-Leben einführen soll.

Ein wunderschönes Blatt dieser Art ist Dürers leicht bemalte Federzeichnung „Maria mit Thieren“ (Albertina, Wien). Vor der in weiter Landschaft sitzenden Maria steht ein Fuchs, der eine Libelle betrachtet; vortrefflich ist der Pintsch, der halb neugierig, halb furchtsam nach einem Hirschkäfer blickt, während ihm ein Schmetterling auf dem Rücken sitzt. Freude am Stilleben der Thiere zeigen viele andere im Bilde verstreut angebrachte Vögel und Insecten; und reizend sind im Hintergrunde, wo man in kleinen Figuren die Verkündigung an die Hirten sieht, die Böcke der Heerde beobachtet, wie sie einander mit den Hörnern stossen,

---

[1] Dieses Bild ist dasselbe, welches Schuchardt (Bd. III Nr. 80 S. 186 ff.) als in Rom, Galerie Sciarra befindlich angiebt.

[2] Woltmann: Holbein und seine Zeit. Leipzig, Seemann 1874.

oder sich an kleinen Bäumen aufrichten um das Laub leichter erreichen zu können.

Der Strassburger Künstler Johann Wechtlin, genannt Pilgrimm, lässt in einem Helldunkelblatte „Maria mit dem Kinde im Garten sitzend“ (B VII 449 Nr. 2) zwei Hasen mit einander spielen und bringt noch einen dritten Hasen und ein Rebhuhn an.

Schon von Schongauer und Israel van Meckenen wurde erwähnt, dass sie selbst in Passionsbildern gerne im Vordergrunde spielende Hunde anbringen, die mit der Handlung gar nichts zu thun haben; vielleicht als ein heiteres Gegengewicht gegen den tiefen Ernst der Darstellung, gleichsam um einen Ruhepunkt darin herzustellen. Diese Sitte blieb auch im 16. Jahrhundert im Gebrauche.

Wir finden sie wieder bei Dürer in einer Federzeichnung der Kreuzigung (von 1511, Albertina) und in einigen seiner Passionsbildern, bei Daniel Hopfer in dem Blatte „Christus nimmt von seiner Mutter Abschied, ehe er nach Jerusalem geht,“ (B. 8) häufig in der Passion von Lucas Cranach (B. 6—20) und bei mehreren anderen Künstlern dieser Zeit.[1]

Darstellungen aus dem täglichen Leben.

Vielmehr als die religiösen Bilder bot natürlich das tägliche Leben dem Künstler Gelegenheit Humor zu äussern. Die Kunst wurde zu jenen Zeiten in Werkstätten mit Gesellen und Lehrlingen, ganz nach Art eines Handwerks betrieben. Dadurch kam der Künstler auch selbst mit Handwerkern und allen Gesellschaftsschichten täglich in lebendige Berührung und lernte so das Volksleben von Grund aus kennen; und auch die Litteratur war zu den Handwerkern herabgestiegen.

An vielen Orten entstanden die Meistersinger-Schulen. In diesen wurde neben den Liedern zum Preise der Religion auch alles Mögliche aus dem Weltleben, was den Sänger gerade berührte, in dichterische Formen gebracht. Wir hören von Liebe und Hass, Tagesfragen wurden lobend oder tadelnd einem Gedichte zu Grunde gelegt, und das Fastnachtspiel und der Schwank

---

[1] Vergleiche auch die Bemerkung über Bilder aus dem alten Testamente S. 28.

führen uns, am Ende meist in eine Moral ausgehend, Handwerker und Bauern vor. Züge aus deren Gemüthsleben werden uns ebenso wie ihre Thorheiten und ihre oft recht plumpe, zuweilen sogar rohe Fröhlichkeit unverhüllt zur Anschauung gebracht.

Ungeschminkte Wahrheit, manchmal bis zur Derbheit gesteigert, dazu Hang zur Fröhlichkeit, die sich in Volksfesten, öffentlichen Possenaufführungen, in Schempartlaufen und Gesellenstechen äusserte, ausserdem noch begünstigt durch den aufblühenden Reichthum der an grossen Handelsstrassen gelegenen freien Reichsstädte, das sind hervorragende Eigenschaften der Zeit, die wir in Kunst und Litteratur erblicken können.

Welch' ungeheure Fülle neuer Stoffe boten diese Umstände einem aus dem Volke stammenden und für das Volk schaffenden Künstler! —

Doch waren die Künstler immerhin Bürger der Städte, und diese blickten mit vornehmem Stolze auf die Bauern herab. Daher mischt sich in Darstellungen des Bauernlebens fast stets ein Zug von Hohn mit ein, weshalb wir diese zum grössten Theile in die nächsten Kapitel verweisen müssen und hier besonders Scenen aus dem städtischen Leben aufnehmen werden.

Die fröhlichen Unterhaltungen der Vornehmen bildeten einen sehr beliebten Vorwurf jener Künstler des 16. Jahrhunderts, welche mit frischem, frohen Gemüthe ihre Umgebung liebevoll beobachteten. Sehr oft wurden Hochzeitstänze dargestellt. So haben wir von Hans Schäufelein eine Folge von 20 Blatt, welche einen solchen Hochzeitszug veranschaulicht (B. 103). Auf dem ersten Blatt schreiten drei Lampions tragende Männer dem Zuge voraus; auf dem zweiten führen zwei Herren eine junge Dame und dann folgen auf den andern Blättern 18 tanzende Paare. Einige schreiten gemessen dahin, andere machen lebhaftere Tanzschritte und wieder andere halten sich im Tanze umschlungen. Sehr fein wusste es Schäufelein in den Bewegungen auszudrücken, ob die beiden Tanzenden nur durch gesellige Rücksicht zusammenkamen, oder ob sie sich auch im Herzen gefunden; indem einige nur einfach, steif-höflich mit einander daher tanzen, andere sich mehr liebevoll zu einander neigen und eifrig zu sprechen scheinen.

Ein ander Mal (B. 97) zeigt er eine im Garten sich unterhaltende Gesellschaft. Zu zweien gehen sie im Garten umher, ein Herr hat sich neben eine Dame gesetzt und betheuert ihr, die Hand am Herzen, seine Liebe; zwei andere küssen sich und andere sind an einem Brunnen beschäftigt.

Sehr gerne und oft stellte Heinrich Aldegrever Hochzeitstänze dar. Aus dem Jahre 1532 ist eine — bei Bartsch nicht angegebene — Folge von sechs tanzenden Paaren erhalten; vom Jahre 1538 haben wir zwei solche Reigendarstellungen.

Die eine (B. 144—151) zeigt, mit zwei Laute und Geige spielenden Musikanten beginnend, und mit zwei sich Küssenden schliessend, eine Anzahl verschiedener Tänze; die andere (B 160-170) lässt die ganze Anordnung derartiger Festlichkeiten deutlich ersehen. Vorne läuft der Tanzordner, den Hut hält er in der Linken, mit der rechten Hand schwingt er einen Stock, um die Richtung des Zuges anzugeben. Ihm folgen zwei Fackelträger und dann die Paare. Unter den Beiden, welche sich küssen, mögen wohl die jungen Eheleute zu suchen sein. Der Zug schliesst mit zwei Trompetern und einem Posaunenbläser. Die Bewegungen der Tänzer lassen auf eine Art Menuett schliessen. Ein anderes ähnliches Fest von 1551 bezeichnet, wird durch drei Hörner blasende Musiker eingeleitet. (s. Tafel 3.)

Der Meister AM erwählte sich auch einmal diesen Stoff zum Vorwurfe seiner Darstellung (B. 24—35), und der Monogrammist HL brachte in einem Holzschnitte einen Hofball, der wegen der Eigenthümlichkeit der Darstellung vermuthlich auf eine Erzählung zurückgeht, die ich aber nicht bestimmen kann. Auf einer Art Gallerie sehen König und Königin dem Tanze zu; im Saale selbst tanzen mehrere Herren in ziemlich grotesken Stellungen; in der Mitte steht auf einer Kugel eine als Fortuna gekleidete Dame, den Preis in der Hand, während links der Hofnarr kniet und rechts ein Mann mit Trommel und Pfeife zum Tanze aufspielt.

Dass aber bei Festlichkeiten neben dem Tanze auch noch andere Unterhaltungen zu Recht bestanden, lehrt uns Virgil Solis auf zehn nummerirten Blättern (B. IX Nr. 224—233). Zuerst kehren die Tänze wieder, dann zwei Musikanten; hierauf folgen dann Schmaus und Spiel. Einmal sitzen ein Herr und eine Dame am Tische und lassen sich die geleerten Becher wieder füllen, ausserdem sehen wir Kartenspieler, einen Herrn mit einer Dame flüsternd und schliesslich ein musicierendes Paar.

Doch nicht nur auf solche Festlichkeiten allein lenkten die Künstler ihre Aufmerksamkeit, auch

Scenen aus dem Volksleben

sowohl in der Stadt, wie auf dem Lande, und ganz besonders auch das Treiben am Markte fanden schon bald im 16. Jahrhundert künstlerische Beachtung.

Barthel Beham, der sonst so übermüthige, ausgelassene Künstler, schildert sehr hübsch in einem Stiche das Mutterglück (B. 40). Die Mutter sitzt mit ihren zwei Kindern im Freien; das eine Kind hält sie in den Armen, das andere spielt lustig neben ihr mit einem Hündchen. — Dann wieder zeigt er uns einen Bauer bei der Arbeit (B. 46), wie er die Mistgabel haltend, sich wohl eben etwas erholen will; oder eine Marktfrau (B 47), die ihre Waare zum Verkaufe ausruft.

Recht launig weiss Hans Sebald solche Scenen darzustellen. Ein Bauer steht mit einer Lanze in der Hand auf dem Markte, (B. 186); vor ihm liegen auf der Erde seine Schätze, die er verkaufen will, ein Krug, ein Sack und zwei Rettige. Er sagt „Deten wir verkaufen." Auf dem Gegenstücke (B. 187) ist des Bauern Frau, sie hält einen Rechen und hat ein Butterfass, sowie einen Krug und einen Eierkorb bei sich. Warum sie gerne diese Sachen verkaufen wollen, ersieht man aus ihrer Antwort „Zum Wein wolt wir laufen." (s. Tafel 3.)

Auch den Weg der Bauern zur Stadt findet Beham darstellenswerth. Ein Bauer geht zu Markte (B. 191) mit einem Eierkorb in der linken Hand, über der rechten Schulter hat er eine Stange, an der ein Hase hängt. — Die Bäuerin (B. 192) dagegen hat schwerer zu tragen. Sie hat am Rücken einen grossen Krug, und unter dem Arme trägt sie eine Gans. Ist dies nur einfache Beobachtung, oder sollte da schon etwas Ironie mitspielen?

Bei Schäufelein finden wir einen Mann, zwischen seinen Körben stehend (B. 122), der eine Gans in der Hand hält und sie einem andern Manne zum Kaufe anpreist; oder einen Bauern (B. 130), der ein Schwein an den Hinterbeinen aus dem Stalle zieht, während seine Frau schon alle Werkzeuge, wie Beil, Waage, Pfanne zum Schlachtfeste herrichtet. — Jakob Bink zeigt einen mit seinem Eierkorbe in die Stadt gehenden Bauer (B. 70) und ein tanzendes Bauernpaar (B. 75). Eigentlicher Humor ist wenig bei diesem Künstler anzutreffen.

Unter den Stichen des Meisters I. B. lässt der eine einen Mann und seine Frau sehen (B. 36), die es sich nach der Arbeit oder nach dem Marsche bequem gemacht haben; während sie einen Krug zur Erfrischung hält, bläst er den Dudelsack. — Wieder eine Markt-Scene ist das Blatt B. 37, auf dem ein Mann einen Sack hält, während zwei Frauen eine Ente, die er ihnen zum Kaufe angeboten, prüfend in der Hand halten.

Von Holbein besitzt die Ambrosiana in Mailand die Zeichnung eines Bauern, der den Hut voll Eier hat; seine Frau legt den linken Arm um ihn, unter dem rechten Arme hat sie einen Leib Käse oder Brot.

Eine Zeichnung Holbeins in Basel stellt einen jungen Mann in Handwerkertracht dar, und eine Beischrift bezeichnet diesen als: „Alle zeyt lustiger Gesell“, und eine andere Zeichnung dieses Meisters in Kopenhagen zeigt uns einen lachenden Kopf. Beides sind Anzeichen dafür, mit welcher eigenen inneren Befriedigung der Künstler harmlose Fröhlichkeit beobachtete.

Das Dresdener Kupferstich-Kabinet besitzt eine colorirte Federzeichnung Cranachs; zwei Mädchen, die sich am Waschtroge unterhalten.

Ein Blatt Erhard Altdorfers, des Bruders von Albrecht, ist benannt „Der Rostocker Glückshaven“ (Pass. 77). Es zeigt auf einem Jahrmarkte eine Lottoziehung mit allen dabei vorkommenden Hantirungen und die 24 Gewinne, die in Bechern, Schalen, Stoffen und ähnlichen Gegenständen bestehen.

Was für Wetter eintreten werde, macht den Landleuten immer viele Sorge. — H. S. Beham beobachtete einen Mann (B. 188), wie er, nachdem er wohl die Felder für den Winter bereits gedüngt hat, die Mistgabel in der Hand haltend, gen Himmel blickt und meint: „Es ist kalt Wetter.“ Sein Genosse (B. 198) ist bereits mit der Arbeit fertig, hat die Hände auf den Rücken gelegt und antwortet: „Das schadet nit.“ Liebespaare bieten selbstverständlich auch einen sehr beliebten Vorwurf. Wir finden sie bei verschiedenen Künstlern. Beham bringt einen Dudelsackpfeifer, der unter einem Baume eine Frau umarmt (B. 195), und noch ein zweites küssendes Paar (B. 209).

In der Geschichte des verlorenen Sohnes wird auf dem Blatte mit der Darstellung, wie der Sohn sein Erbtheil verprasst, eine leichtfertige vornehme Gesellschaft im Freien an einem Tische schmausend und kosend dargestellt. Und derselbe Vorwurf dient dem Künstler noch einmal als Vorwand, in einem grossen Saale eine solche lustige Gesellschaft zu zeigen. (B. 128, Anm. 197). Dies ist der Hauptzweck des Bildes; dass es nebenbei auch die Geschichte des verlorenen Sohnes darstellen soll, wird erst bei näherem Zusehen deutlich. Durch die Fenster des Saales werden noch in kleinen Figuren der Abschied vom Hause, der Sohn als Schweinehirt und die Wiederaufnahme desselben sichtbar.

Es ist überhaupt sehr charakteristisch, dass viele Künstler als Vorwürfe aus dem alten Testamente sich besonders die anstössigen Scenen, wie den betrunkenen Noah, Loth und seine Töchter, Josef und Potiphar oder die Susanne im Bade, aussuchten.

Daniel Hopfer zeichnete einen jungen Mann, der am Tische sitzt und eine junge Frau auf dem Schoosse hält, der er mit weitgeöffnetem Munde ein Lied vorsingt (B. 69).

Hans Baldung Grün brachte auf mehreren Wappenzeichnungen, deren er sehr viele fertigte, oben noch einen Streifen mit humoristischen Zügen aus dem Leben. Ueber dem Wappen des Jakob von Seldeneck (Albertina) zeichnete er mit der Feder ein Zechgelage und an einem andern Tische schäkern zwei Männer mit einem Mädchen. Ueber dem Wappen der Pfeffing (ebenda) sind Liebespaare zu sehen, und bei dem Wappen des Thomas von Ending (ebenda) eine Hasenjagd zwischen Bäumen.

In einer selbständigen Zeichnung ohne Wappen sind in einer Gebirgslandschaft vier junge Männer um einen Tisch zu einem Trinkgelage vereint. Einer der fröhlichen Gesellen zieht ein Mädchen, das eben die Becher voll schenken will, am Kleide zu sich heran, während ein anderer eine heitere Geschichte zum Besten giebt, mit hoch erhobener Hand seine Rede begleitend.

Vornehme Liebespaare oder ähnliche Scenen finden sich auch bei Virgil Solis (B. 259), der vier Herren und eine Dame an einem Tische musizirend zeigt; und bei Jost Amman, in dessen

„Stamm- und Wappenbuch“ (Andresen Nr. 236) und „Kartenspielbuch“ mehrere derartige Bilder vorkommen.

Unter den Werken der Monogrammisten,  welcher zwischen 1534 und 39 arbeitete, und M T[1] können wir solche Liebes-Scenen und musicirende Gesellschaften öfters antreffen; und ein Blatt von H. S. Beham ist bei dieser Gelegenheit noch nachzutragen. (B. 161). Bei einem Zechgelage unter einer Weinlaube sieht man, wie die Alten oft in den Strudel der Lustigkeit von den Jungen mit fortgerissen werden. Zwei Männer führen eine Frau herbei, ein Alter steht höflich grüssend auf, und die anderen lassen an ihn die Aufforderung: „Alder du must danczen“ ergehen. (s. Tafel 6.)

Dem Virgil Solis musste einmal eine wandernde Gauklertruppe zum Modelle dienen. (B. 257). Er zeigt die Gaukler auf den Händen gehend und sonstige Kunststückchen aufführend, indessen sitzt ein Affe auf einem Tische und trinkt. (s. Tafel 3.)

Sehr in den Vordergrund des Interesses kam in jener Zeit, wo grössere und kleinere Kriege und Fehden sich beständig drängten,

das Landsknechtleben.

Häufig konnte man diese wilden Gesellen das Land durchstreifen sehen, und ihre tollen Streiche werden oft für einige Zeit den Gesprächsstoff geliefert haben. So wurden sie in der Kunst und Litteratur zu einem oft gewählten Vorwurfe. Auch Hans Sachs schildert sie in mehreren Schwänken, so in dem: „Der Teufel lässt keinen Landsknecht in die Hölle fahren“: wozu auf dem Titelblatte drei solcher Landstreicher sich beim Wein ihre Schnurren erzählend, dargestellt sind.

Am meisten blühte der Stand der Landsknechte in der Schweiz. Die Schweizer begnügten sich nicht nur damit, in den Kriegen, welche in ihrem eigenen Lande ausbrachen, zu dienen, sondern nahmen auch noch als Reisläufer Dienste bei allen möglichen ausländischen Heerführern an. Ueberall in Deutschland, Italien und Frankreich fand man Schweizer Söldner. Eine Sitte, die so weit um sich griff, dass sich der Rath mehrerer Städte, wie z. B. der von Basel, wiederholt genöthigt sah, Verbote gegen das Reislaufen zu erlassen.

---

[1] Siehe Monogramm S. 25.

Kein Wunder also, wenn hier die Landsknechtsbilder besonders in Schwung kamen.

Urs Graf und Niklaus Manuel Deutsch, welche beide selbst als Kriegsleute dienten, haben uns eine Menge solcher Landsknechts-Darstellungen hinterlassen, in denen sie das Treiben dieser Leute in allen Lebenslagen schildern.

Im Skizzenbuche von Niklaus Manuel Deutsch „führt uns das zwölfte Blatt Scenen aus der Schlacht, aus dem Lagerleben, aus den Marschtagen, vor die Augen, in so überzeugender Weise, wie sie eben nur einer geben konnte, der alles miterlebt hatte.“[1]

Auch die ständige Begleitung der Kriegslager, die Marketenderinnen und Landsknechtdirnen wurden von Deutsch und Urs Graf häufig abgebildet, mit dem Glase oder mit Waffen in der Hand, meist mit dem Federbarett am Kopfe.

Die meisten Blätter dieser beiden Künstler sind in Basel.[2]

Wie der Landsknechte ganzes Sinnen und Trachten am Kriege hing, veranschaulicht eine Zeichnung von Manuel Deutsch. Drei Landsknechte sind im Gespräch mit einander begriffen; der Inhalt ihres Gesprächs erhellt aus der Beischrift „wo nun hynus, der krieg hat ein loch.“ In diesem Blatte liegt ein gutes Stück Charakteristik der Zeit. Diese Gesellen fühlten sich nur wohl, wenn sie, gleichgiltig für welche Sache, in den Kampf ziehen konnten, und so war ihnen nichts schrecklicher als Zeiten, in denen es keine Kriege und keine Fehden gab.

Die meisten Blätter von Manuel und Urs Graf schildern das tolle Leben, das diese verwegenen Leute führten, sei es in der angegebenen Art, sei es in Gesellschaft mit Lagerdirnen oder im Kampfe selbst.

1 Händcke: Nikolaus Manuel Deutsch als Künstler. Frauenfeld 1889. S. 52.

2 Literatur über Niklaus Manuel: Grüneisen: Niklaus Manuel, Leben und Werke eines Dichters, Kriegers, Staatsmannes und Reformators im 16. Jahrhundert, Stuttgart und Tübingen 1837. Scheurer: Bernisches Mausoleum II, 1740—1842. Händcke, vgl. Anm. 1. J. Bächtold und Vögelin: Niklaus Manuel 1878.

Literatur über Urs Graf: His: Urs Graf, in Zahns Jahrbücher für Kunstwissenschaft. V und VI. J. J. Amort: Urs Graf, Basel und Genf 873. Händcke, in der Bibliographie für schweizerische Landeskunde Bern 1892, und desselben Verfassers Ausgabe, der schweizerischen Bannerträger.

Holbein dagegen verwendete Landsknechte zwar auch sehr gerne, aber weniger in diesem derb humoristischen Sinne; er beschäftigte sich besonders ihrer auffallenden Kleidung wegen mit ihnen und benutzte sie lieber als Schildhalter, z. B. in Entwürfen für Glasgemälde.[1]

So werden auch die beiden Zeichnungen in Basel, ein Landsknechts-Mädchen einen Humpen haltend (Woltmann Nr. 79) und ein Landsknecht mit einer Dirne (W. 81), sowie eine ähnliche Zeichnung in Leipzig (W. 176) hauptsächlich als Costüme-Schilderungen der Zeit aufzufassen sein.

Holbein reizte, so scheint es, mehr das Phantastische der Tracht, die Darstellung der kräftigen Gestalten und verwegenen Gesichter, als das sonstige Leben und Treiben dieser Kriegsknechte. Zu dieser Art der Darstellung gehören auch die Bannerträger der Schweizer Kantone von Urs Graf.

Von dem Sohne Niklaus Manuels „Hans Rudolf Manuel" giebt es auch zwei Landsknechtsbilder (Pass. III 32 u. 33), welche mehr an die Costüme-Bilder erinnern, denen aber lustige Verse, die sich auf das Leben beziehen, beigeschrieben sind.

Bei den übrigen deutschen Künstlern finden sich natürlich auch mehrere solcher Landsknechtsdarstellungen. Wir begegnen ihnen, freilich ohne eigentliche humoristische Bedeutung, auch bei Dürer. (z. B. B. 88 u. a.).

Hans Sebald Beham führt uns einen Trommler, Fahnenträger und Pfeifer (B. 198) im Gespräche vor. Er setzt die bereits bekannte Beischrift, die wir bei Manuel fanden, dazu; also auch diese drei sprechen über den unwillkommenen Frieden.

Hans Baldung zeichnete in seiner schon erwähnten Art über Wappen friedlichere Unterhaltungen der Landsknechte. Ueber dem Doppelwappen der Hochstein und Mülnheim findet ein Scheibenschiessen statt. In der Mitte sind die Preise ausgestellt. Ueber dem Wappen des „Wolf von Landsperg" unterhalten sich Landsknechte mit einem Wettwerfen von Steinen. Einer ist damit beschäftigt, mit Stäbchen das Ziel und die Weite der einzelnen Würfe zu bestimmen. Mehrere vornehm gekleidete Herren scheinen

[1] Vgl. Woltmann a. a. O. I. 163 ff.

eben einem Landsknecht für einen guten Wurf einen Preis zu geben. (Beide Blätter in der Albertina).

Bei vielen anderen Künstlern finden sich vereinzelte Schilderungen derartiger Scenen.

Wir sehen auf einem Blatte von Daniel Hopfer (B. 70), wie ein junges Mädchen von einem Soldaten umarmt wird, ein Hund macht sich dies zu Nutze und frisst mittlerweile von den auf einem Tische stehenden Speisen. Jakob Bink zeigt nur einen Krieger mit seiner Geliebten im Freien. (B. 72). Sehr hübsch ist ein Blatt von Lucas Cranach (B. 122). Unter einem Baum sitzt eine Frau und reicht einem vor ihr stehenden Landsknecht eine Flasche zur Erquickung, während ein Hündchen bittend an ihr emporspringt.

Unter den Werken Peter Flötners sind zwei, welche Theile des ein Heer begleitenden Trosses zur Anschauung bringen. Der eine ist benannt: „Urschelein und Schuchknecht" (Pass. III, 11), der andere „Der Sudler und sein Sudlerin" (Pass. 12). Zu beiden gehören Verse, welche in, nach dem Sinne der damaligen Zeit, komischer Fassung die Zwiegespräche der beiden Paare wiedergeben.

Von dem Monogrammisten enthält das eine Blatt (Pass. IV, 129 zu Meister P. G. und Nagler Monogr. I 322) eine sehr unanständige Landsknechtsschilderung mit ebenso unanständigen Versen.

Bei Virgil Solis sehen wir vier Soldaten, die beim Zechen in Streit gerathen sind und sich paarweise schlagen. (B. 256); auf dem Tische sind die Gläser umgestürzt und zerbrochen. Ein Bär und ein Löwe zeigen sich gegenseitig die Zähne. Ausserdem haben wir von Virgil Solis noch eine Reihe Landsknechtsbilder, welche mehr nach Art der Costümbilder die Krieger mit ihren verschiedenen Waffen zeigen, und denen bezeichnende Verse, in der Art der folgenden, beigeschrieben sind

«Ich bin ein Hacken Schucz
In Sturmen un Schlacht nucz.» oder
«Ich thue mein Fenl schwingen
Hof es sol uns gelingen.» oder
«Ich bin ein pfeifer guet
Mach die Knecht wohlgmut.»

Eine andere Folge ohne Verse enthält wieder die verschiedenen Landsknechtsarten auf etwas grösseren Blättern. Ein Blatt davon ist von Niclas Solis. Ferner stach Solis auch, ähnlich wie Urs Graf, Fahnen tragende Landsknechte, die durch Beischriften als die Schweizer Kantone gekennzeichnet sind.

Das Recht des Stärkeren, das ja die Landsknechte immer für sich beanspruchten, veranschaulicht Jost Amman. (Andr. 81). Einem Soldaten ist im Kampfe übel mitgespielt worden; sein Schwert ist zerbrochen, seine Kleidung zerrissen, den rechten Arm trägt er in einer Binde. Er hält ein Bierglas in der Hand. Ein gesunder Söldner will es ihm vielleicht streitig machen, denn er holt eben zu einer Ohrfeige aus.

Andere Blätter Ammans mit Landsknechten gehören wieder unter die Gattung der Costümbilder, oder erhalten durch beigeschriebene Verse eine humoristische Bedeutung. (s. Tafel 4.)

Die Thierbilder.

Bei der im 16. Jahrhundert erwachenden Freude an der Beobachtung der Natur ist es nun begreiflich, dass auch das Thierbild in dem künstlerischen Schaffen der Zeit eine ziemlich bedeutende Rolle spielt. In der Litteratur war die Thiersage bei den germanischen Völkern ja schon von uralten Zeiten her heimisch. Viele Züge finden sich schon in der germanischen Mythologie.

Im Mittelalter drang dann die Thiersage besonders von Flandern her nach dem übrigen Deutschland ein. Anfangs waren wohl diese Thiererzählungen für sich Selbstzweck, „mitunter aber auf Ereignisse der nächsten Umgebung anspielend,“[1] gingen sie theilweise auch auf das satyrische Gebiet über.

Im 12. Jahrhundert entstanden die zwar lateinisch geschriebenen, ihrem Inhalte nach aber doch deutschen Gedichte von Reinardus und Isengrimus. Im 15. Jahrhundert wurden dann auch fremde Fabeln in die Litteratur mit einbezogen. Die Fabeln Aesops wurden öfters lateinisch oder in Uebersetzungen herausgegeben.

---

[1] Goedecke, Grundzüge zur Geschichte der deutschen Dichtung. 2. Aufl. Stuttgart 1884. § 33.

Luther schätzte diese Fabeln sehr hoch und beschäftigte sich 1530 in Coburg selbst damit, den Deutschen Aesop zu „fegen“, d. h. alles Anstössige zu entfernen. Auch dichtete er selbst mehrere Fabeln dazu, liess die Arbeit aber später liegen. 1591 gab Nathan Chystraeus achtzehn Fabeln Luthers heraus. Luthers Werthschätzung des Aesop bekunden seine Worte: „Er wisse ausser der heiligen Schrift nicht viele Bücher, die dem Aesop überlegen sein sollten, so man Nutz, Kunst und Weisheit, und nicht hochbedächtig Geschrei wollte ansehen.“ [1]

In den Miniaturen kommen Bilder aus der Thierfabel, besonders in den Seitenleisten mit Drolerien, schon in frühen Zeiten vor, und der Kupferstich und Holzschnitt bemächtigten sich auch bald des Thierbildes, sei es als Illustration zu Fabeln, sei es aus blosser Freude an der Beobachtung des Thierlebens.

Wie oft und gerne Thiere in religiösen Bildern als Staffage verwendet wurden, haben wir schon oben gesehen; doch auch das Thierbild als Selbstzweck bot oft den Anlass zu humoristischen oder satyrischen Darstellungen.

Von Dürer haben wir Handzeichnungen und Aquarelle, in denen er einzelne Thiere mit grösster Sorgfalt bis in alle Einzelheiten wieder gab. Hier zeigt sich aber nicht Humor, sondern tiefes Studium der Natur und Liebe zu den Thieren.

Humoristisch verwendet er sie in religiösen Bildern und in Randverzierungen, wie in dem Gebetbuche Kaiser Maximilians, wo z. B. ein Fuchs vorkommt, der einer Hühnerschaar auf der Flöte vorspielt.

Derartige Darstellungen, die mit der Thiersage in Verbindung stehen, finden wir bei anderen Künstlern sowohl in Randleisten zu Bücherseiten, als selbständig.

Freude an der Beobachtung der Thiere erkennt man auch bei Hans Baldung Grün, der auf drei Blättern (B. 56—58) Pferde ruhend, fressend, laufend und ausschlagend darstellte.

Von Altdorfer ist ein Blatt erhalten (B. X Nr. 8), welches die Mutterliebe bei den Hunden veranschaulicht. In einem Neste liegen junge Hunde, einige nackte Kinder spielen mit denselben. Die Hündin aber scheint dies falsch aufzufassen, denn sie zerrt den einen Knaben an einem Tuche, das er umgeschlagen hat.

---

[1] Gervinus, Deutsche Literatur-Geschichte. III 47.

Holbein brachte sowohl kleinere Thierbilder für sich alleine, öfter aber verwendete er sie in Streifen, welche von den Basler Buchdruckern zu Titelblättern und Seiteneinfassungen verwendet wurden.

Der Thierfabel entnommen ist der Holzschnitt (B. 99), auf dem der Fuchs, ein Huhn im Maule haltend, davon läuft, verfolgt von sechs Bauern und einer Bäuerin, die mit Dreschflegeln, Schwertern und Schaufeln bewaffnet sind, um ihm seine Beute streitig zu machen.

Hans Baldung verwendete einen Bären einmal als humoristischen Wappenhalter. Dieser Bär hält die Wappen der „Hochstein“ und „Mülnheim“ Der Helm sitzt nicht auf den Schilden auf, sondern der Bär hat ihn sich ganz über den Kopf gezogen. Ueber dem Wappen des Thoman von Ending bringt Baldung eine Hasenjagd im Walde an. Jagdbilder, die das ganze lustige Treiben des Waidwerkes schildern, kommen im 16. Jahrhundert in grosser Anzahl vor.

Von Franz Brun haben wir mehrere Jagdbilder Auf zwei Blättern (B. 104 u. 105) bringt er je zehn Hasen, welche sitzen, springen und Purzelbäume schlagen. Auch andere humoristische Thierstücke, besonders mit Affen, kommen öfters bei ihm vor. Jost Amman bringt in seinen Monatsbildern, in denen er die Hauptbeschäftigungen in den einzelnen Monaten darstellt (Andr. I. Nr. 182-193), mehrere Male Jagden an. Im July eine Hetzjagd auf Hirsche und eine Hasenjagd mit Falken; im August Hasen- und Hühner-Jagd; im November Jagd auf Wildschweine und im Dezember auf Hasen. In Ammans schon erwähnten Kartenspielbuch kommen Thierbilder für sich und der Fabel entnommen vor. Im „Kunst und Lehrbüchlein“ findet sich eine Entenjagd und parodistisch von der Jagd heimkehrende, nackte Knaben.

Sehr häufig malte Lucas Cranach Jagdstücke.

Virgil Solis stellte in langen Streifen alle möglichen Jagden dar (B. 367 ff.). Wir finden hier Bären,-Sau,-Hirsch- und Hasen-Jagden, sowie Entenjagd zu Wasser, und ein anderes Blatt, aut dem Hirsche die Verfolger und Jäger und Hunde die Verfolgten sind.

Doch auch in geradezu übermüthiger Weise verwendete Solis die Thiere. So fertigte er ein Spiel Karten (B. 300ª—351), in welchem statt der gewöhnlichen Zeichen immer Thiere angebracht sind. Für Eicheln zeichnete er Affen; für Grün Pfauen; Schellen ist durch Löwen und Roth durch Papageien ersetzt. Diese Thiere sind immer in der durch die Karte bedingten Anzahl und in tollen Spielen, raufend, kletternd, sich überschlagend u. s. w. dargestellt.

In ornamentalen Rundblättern, die als Goldschmiede-Vorlagen gedacht sind, (Andr. 463—465 u. a.) finden wir Thiere in der Art, wie sie früher in Miniaturen vorkamen.

Einmal sind zwei Hirsche und eine Hirschkuh neben einander stehend zu sehen, oder wir finden einen Dudelsack oder Flöte blasenden Bären. Auch von anderen Meistern sind uns derartige Vorlagen erhalten. (s. Tafel 5.)

Die Thierfabel fand auch in Solis einen Illustrator.

Auf dem Blatte B. 383 sieht man einen Brunnen, auf einem darüber gelegten Balken sitzt eine Ente; vor dem Brunnen sitzt ein Fuchs, der die Ente aufzufordern scheint, zu ihm herüber zu kommen; von links nahen sich zwei Jäger mit Hunden.

Zu zwei Büchern „Esopus Teutsch“ und „Von Reinichen Fuchs—Ander Theil des Buchs Schimpf und Ernst“, (Frankfurt 1581) fertigte Solis eine grosse Anzahl von Illustrationen, welche eine genaue Abbildung der in den einzelnen Fabeln enthaltenen Handlungen sind.

In den älteren Rostocker Ausgaben des „Reinecke Fuchs“ von 1539 sind Illustrationen von Erhard Altdorfer enthalten.

Von diesen Zeiten an blieb das Thierstück aller Arten, als Illustration, Jagdstück, Beobachtung des Thierlebens und endlich als Stilleben ein ständiger Besitz der Kunst, bis auf unsere Tage.

Mythologische Gestalten.

Durch die im 15. und 16. Jahrhundert aufblühenden humanistischen Studien, wurden die mythologischen Erzählungen der Griechen und Römer allmählig auch Gemeingut des Volkes.

Der heitere Zug antiker Lebensanschauung, die damals bekannt werdenden Beschreibungen alter Kunstwerke, und die italienischen Vorbilder, in denen die Erinnerung an die Antike nie ganz verschwunden war, reizten auch deutsche Künstler, sich auf diesem Gebiete zu versuchen.

Eine grosse Zahl antiker Scenen wurden zu beliebten Vorwürfen, besonders das Urtheil des Paris, Pyramus und Thisbe, Apollo und Daphne und manche andere; dann der Bacchische Cult mit seiner ganzen, tollen Begleitung von Satyren, Nymphen und kleineren Genien.

Die bekannte Beschreibung des Lukian von dem Gemälde „die Verläumdung“ von Apelles wurde von mehreren Künstlern wieder herzustellen versucht.

Doch nicht nur bestimmte Scenen wurden dargestellt; die Nacktheit der antiken Gestalten, die wunderbaren Verbindungen von Thier- und Menschen-Körpern boten einem heiteren Künstlergemüthe angenehmen Anlass, Figuren des alten Mythos, auch ohne Bezug auf bestimmte Sagen, in Bildern zu verwenden.

Dürer zeichnete schon 1494 Tritonenkämpfe nach Mantegna. Später fertigte er verschiedene Blätter antiken Inhaltes, die theils durch Erzählungen veranlasst sind, theils Freude an der Darstellung nackter bewegter Körper bekunden. Hieher gehören unter anderem die Amymone oder das Meerwunder und der Orpheus.

Eine dem Orpheus sehr verwandte Darstellung mit Satyrn, welche um den Besitz eines nackten Weibes streiten, findet sich sehr oft bei Lucas Cranach unter dem Namen „Die Wirkung der Eifersucht.“

Die Composition ist mit kleinen Veränderungen immer die folgende: Ein Satyr hält ein Weib fest, ein anderer sucht sie ihm zu entreissen, wogegen sie sich sträubt; ein dritter Satyr kommt dem zweiten zu Hülfe, und ein vierter liegt bereits getödtet oder überwunden am Boden. Einige Frauen sehen zu.

Eine ähnliche Scene hat auch A. Altdorfer gestochen. (B. 38.) Ein Satyr, welcher eine knieende Nymphe festhält, wehrt sich mit einem Stocke gegen einen andern Satyr.

Fröhliches Familienleben schildert Cranachs Federzeichnung einer Faunfamilie. (Berlin. Kupferstichkabinet.)

Solche lustige Satyrfamilien befinden sich auch unter den Werken Dürers (B. 69) und Urs Grafs. (Pass. 116. His. 283.)

Haben solche Blätter, ebenso wie die zu Anfang des 16. Jahrhunderts sehr beliebten Darstellungen des Selbstmordes der Lucretia, ihre Entstehung, wenigstens zum Theile, der durch den erwachenden Natursinn entstandenen Freude an der Wiedergabe des nackten, menschlichen Körpers zu verdanken, so ist dies wohl sicher in noch viel höherem Masse bei den vielen Venus-Darstellungen der Fall.

Wie hätte wohl ein Künstler seine Freude am schön gebildeten Körper, und sein eigenes Schönheits-Ideal — das freilich durchaus nicht immer mit unserem übereinzustimmen braucht — besser zur Anschauung bringen können, als indem er uns die Göttin der Schönheit selbst vor Augen führt. Ausserdem bot der Sagenkreis dieser Göttin manchen Anlass zu humoristischer Darstellung.

Lucas Cranach liebte es, ein und denselben Gegenstand öfters darzustellen; sei es, dass ihn der Vorwurf so fesselte, sei es zur Uebung, oder weil er oft von ihm verlangt wurde.

Unter diese oft dargestellten Stoffe gehört auch folgender, einer alten Erzählung entnommener. — Venus sucht den von Bienen gestochenen und verfolgten kleinen Amor zu trösten. Fast ebenso oft wiederholt wurde ein anderes Bild, sowohl in Gemälden als Holzschnitten. Nämlich Venus, welche den Amor am Abschiessen des Pfeiles verhindern will, oder ihm den Bogen abnimmt.

Ein humoristischer Hintergedanke liegt in beiden Arten der Darstellung. Die Bienen sind die tausenderlei kleinen Sorgen und Qualen, die Liebende erdulden, und die hier den kleinen Liebesgott selbst treffen. Diesen Gedanken sprach Dürer auch wirklich aus, indem er einer jetzt im Brittischen Museum befindlichen Darstellung dieses Gegenstandes folgende Verse beischrieb:

«Der Binen stich bringt grossen schmertz.
So auch die lieb verwund manchs Hertz.
Mit Freud und Lust, mitt angst vnd qual.
Lieb ist voll Honig vnd bitter gall.»

Auch bei Brosamer findet sich der von Bienen gestochene Amor, der bei seiner Mutter Schutz sucht. Dazu gehört eine lateinische Inschrift, die mit den Worten „*Pungit apis puerum*“ und „*dulcia mixta malis*“ den Sinn der ganzen Darstellung deutlich angiebt. (B. VIII 13.) Wenn Venus den Amor am Schusse hindert, so ist damit ausgedrückt, dass sie selbst das blinde Walten des kleinen Gottes nicht immer rechtfertigen und dulden kann.

Von Dürer besitzt die Albertina eine sehr hübsche Federzeichnung, Venus auf einem Delphine. In der Hand hält sie ein Füllhorn, auf dem ein kleiner schiessender Amor steht. Oft verwendete A. Altdorfer die Gestalt der Venus.

Er stellte die Göttin dar, wie sie vor dem Bade kniet (B. 33), oder wohl bereits nach dem Bade sitzend (B 34). Beide Male ist Amor um sie beschäftigt. Dann sehen wir wieder Venus liegend ruhen (B. 35) und zwei Amoretten um sie, oder ebenfalls mit zwei Amoretten ruhig stehend (B. 32).

Ein frisches Blatt hat uns der Monogrammist I. B. hinterlassen. Vor Venus steht Amor und hält ihr den Spiegel, in den sie blickt. (B. 52.)

Jacob Bink schwebte wohl die Sage von der Geburt der Liebesgöttin aus dem Meere vor, als er sie mit Amor zugleich auf einer Muschel darstellte. (B. 48.)

Bacchus und sein Gefolge wurde auch ein beliebter Stoff. Bekannt ist das Bacchanale von Dürer aus dem Jahre 1494. Holbein brachte den, auf einem Bären reitenden Bacchus, dem ein Mann die Schale an den Mund hält, in einem, seiner griechischen Initialen, dem Δ, an. Penz stellte einen Bacchuszug dar. (B 92.)

Der Gott des Weines wird von Centauren im Wagen gezogen. Vorne her ziehen zwei musicirende Centauren und ein Satyr mit Gefässen.

Hieronymus Hopfer, der hauptsächlich Copist war, copirte nach Mantegna, Augustin Venetiano u. a. verschiedene bacchische Scenen (B. 28, 29 u. a.), sowie Satyren, welche trinken oder musiciren. Vom Meister I. B. haben wir einen Triumph des Bacchus. Ein Blatt von Hans Baldung (B. 45) zeigt den Bacchus ganz betrunken unter einem Fasse liegend. Um ihn und auf dem Fasse treiben sich verschiedene kleine, nackte Knaben herum. Derartige Bilder liessen sich noch sehr viele anführen. Allen gemeinsam ist der unförmlich Dicke, bartlose Bacchus, meist mit Weinlaub bekränzt, oft im Zustande völliger Trunkenheit. Er wird in einer Laube oder an einem Fasse zechend dargestellt; im Wagen von Satyrn und Centauren gezogen oder von solchen Wesen getragen.

Der Vorwurf selbst stammt aus Italien, wo er auch schon von antiken Reliefs beeinflusst ist. Zweck der Darstellung ist die tolle Lust der Trunkenheit.

Ebenfalls durch fremde Vorbilder stark beeinflusst sind die unterschiedlichen Satyr-Darstellungen und Tritonen-Kämpfe. Wir finden, um einige Beispiele anzuführen, Tritonen, welche Nereiden auf dem Rücken tragend, schwimmen bei H. S. Beham (B. 86 u. 87); tanzende Satyrn und Bacchantinnen bei Augustin Hirschvogel (B. 8); Tritonen und Nereiden bei Aldegrever (B. 261); Nymphen und Satyrn an einem Bottiche unter einem grossen Weinstocke trinkend (B. 49) und Tritonen-Kämpfe nach Mantegna (B. 47 u. 48) bei Daniel Hopfer, u. v. a. m. —

Die mythologischen Bilder sind zwar überhaupt nicht national, aber so manche Scene wurde doch von den Künstlern in mehr nationale, deutsche Formen gebracht. Dieser Art Bilder dagegen sieht man ihre ursprünglich italienische Entstehung meistens sofort an.

Ganz national erscheint uns aber der, damals noch einzige, der germanischen Mythologie entnommene Stoff der Hexendarstellungen.

Die Hauptmeister dieses Gebietes sind Hans Baldung Grün und Urs Graf. Beide sind sich in derartigen Darstellungen sehr ähnlich. Immer sieht man einige junge Hexen mit vollen, runden Körpern in Gesellschaft von ein oder zwei alten, völlig abgemagerten.

Sie sind in einem Zauberkreise von Schädeln und Spukgeräthschaften, oder um einen grossen Kochtopf versammelt, wobei die eine alte Hexe mit hocherhobenen Armen ihre Zaubersprüche hersagt. Die jungen Hexen werden sitzend, halb liegend, knieend, kurz in einer Menge verschiedener Stellungen gezeichnet, die dem Künstler Gelegenheit boten, die nackten Körper in mancherlei Ansichten und Verkürzungen wieder zu geben.

Auch von Dürer haben wir einen Kupferstich einer Hexen-Darstellung. (B. 67.) Auf einem Bocke reitet eine Hexe durch die Luft; unten, auf der Erde treiben sich vier Genien herum; einer schlägt einen Purzelbaum.

Diese Genien gehören auch wieder ursprünglich der italienischen Renaissance an, wo sie als Putti eine grosse Rolle spielen. Besonders durch die in den Bildern oft vorkommende italienische Renaissance-Architektur, wo die Putten auf Pfeilern, oder über Thorbögen als Guirlanden-Halter oft vorkommen, gelangten diese kleinen Kindergestalten in die Deutsche Kunst.

Als Amoretten und Genien oder als nackte spielende Kinder, dringen sie nun stark in die Kunst ein und haben auch im Ornament eine bedeutende Rolle erlangt.[1]

Auch die schon besprochenen Kindengelchen in religiösen Bildern zeigen eine nahe Verwandtschaft zu diesen Kindergestalten. Häufig kommt Amor allein, als kleiner, nackter, oft auch als geflügelter Knabe vor.

Von Barthel Beham haben wir den kleinen Stich „Amor als Bote“ (B. 32). Er sitzt auf einer Kugel, in den Händen hält er eine Stange, die er wie ein Ruder handhabt, um so durch die Luft über eine hübsche Landschaft fort zu segeln.

In einem Titelblatte Holbeins (Pass. 77) steht Amor vor der in einem Wagen fahrenden Venus und entsendet seine Pfeile nach Männern und Frauen, welche dem Wagen folgen. Ein kleiner in der Luft schwebender Amor von Jost Amman sendet ebenfalls seine Pfeile vom Bogen ab. (Im Kunst- und Lehrbüchlein.) Der Meister HL zeichnete einen Amor auf einer Kugel reitend und sich ärgernd, dass sein Bogen zerrissen, da er nun nicht auf die Menschen, welche man unter ihm in einem See baden sieht, schiessen kann. (B. 5.)

Unter den Werken Aldegrevers, befindet sich ein Amor, der auf einem Bocke sitzend eingeschlafen ist und eine Vase hält. (B. 209.)

Sehr oft wird Amor nicht in seiner Eigenschaft als Liebesgott dargestellt, sondern es erscheinen für ihn kleine, geflügelte Eroten in den verschiedensten Beschäftigungen.

Bei Aldegrever tragen ihrer zwei eine grosse Kugel (B. 208) oder dreie tragen Stangen, woran eine Scheibe befestigt ist. (B. 231.)

Ein kleiner geflügelter Genius von Barthel Beham ist beschäftigt einen Stab an einer Scheibe zu reiben, vielleicht um Feuer zu gewinnen.

Häufig reitet ein kleiner Genius auf einem Delphin, so bei H. S. Beham. (B. 92 u. 93.)

Auch Triumphzüge kleiner nackter Knaben kommen nicht

---

[1] Vergl. Lützow: Geschichte des Deutschen Kupferstichs und Holzschnittes S. 208. Band IV von Geschichte der Deutschen Kunst. Berlin, Verlag von G. Grote.

selten in kleinen Blättern aus dem 16. Jahrh. vor. — Das Blatt B. 257 von H. S. Beham zeigt einen solchen Zug, bei dem kleine Putten einen Triumphwagen ziehen.

Unter den Seitenumrahmungen Holbeins kommt ein Kinderzug vor, zwei schreiten musicirend voran, sechs andere tragen eine Bahre, auf der ein siebender sitzt, auf den Schultern, (Pass. 107); ein ander Mal sind nur zwei als Träger dargestellt, während der dritte auf einer mit Fellen bedeckten Bahre sitzend ein Horn bläst. (Pass. 108.)

Reizend ist ein Stich des Meisters HL (B. 8); zwei Amoretten zwischen Erbsenschoten. Der eine hält eine solche Schote, die eben so gross ist, wie er selbst, der zweite langt sich die saftigen Erbsen aus der geöffneten Hülse heraus (s. Tafel 5).

Einen Kinderreigen stellte Aldegrever dar. (B. 205.) — Viele nackte Kinder umtanzen ein gespanntes Tuch, nach den Tönen von zwei Schalmeien, welche zwei andere Kinder blasen; bei einem ähnlichen Reigen (B. 252) tanzen dreizehn Knaben zur Musik einer Geige und einer Trompete.

Noch in vielerlei anderer Art wurden solche Kinder, besonders in Vignetten und zu ornamentalen Zwecken verwendet. Wir sehen Kinder, einen Hund im Arme haltend, eingeschlafen, oder auf Hunden reitend: ferner am Boden sitzend und eine Vase haltend, aus der ein Ornament entspringt; Kinder, die mit Waffen, Kämpfe oder Jagden parodiren; dann kommen wieder Putten vor, welche Früchte tragen.

Auch die Spiele mit Reifen, Puppen, Steckenpferden, Windrüdern u. v. a. werden mit Liebe dem Kinderleben abgelauscht.

Sehr reich an solchen Scenen sind besonders die beiden Behams und Aldegrever; von welchen Künstlern eine sehr grosse Zahl derartiger Stiche erhalten ist.

— — — — — — — — — — — — — — — — — — — —

Eigentlich sollten noch die Todtentänze hier behandelt werden, da aber diese, sowie die meisten anderen Todes-Darstellungen zum grössten Theile satyrischen oder moralisirenden Inhaltes sind, so werden wir, um den Zusammenhang nicht zu zerreissen, alle zusammen im nächsten Abschnitte behandeln.

II. Die satyrischen und ironischen Werke.

Wenn der Künstler mit seiner Darstellung den Zweck verfolgt, Schäden der Zeit zu geisseln, oder einzelne Menschen oder Stände lächerlich zu machen, so wird er satyrisch oder ironisch. Naturgemäss haben diese Bilder weniger rein künstlerischen Werth, dagegen sind sie für den Kultur-Historiker von allergrösstem Interesse.

Im 16. Jahrhunderte, in welchem eigentlich die ganze Menschheit in einer Gährung sich befand, wo man auf jedem Gebiete, der Religion, der Politik, der Kunst und Wissenschaft nach neuen Bahnen suchte, treten daher auch die satyrischen und ironischen Bilder, mit denen auch der Künstler in den Kampf mit eintrat, besonders häufig auf.

Allgemeineren Inhaltes, das heisst nicht bestimmte Menschen, sondern dem Menschen überhaupt anhaftende lächerliche Eigenschaften oder Fehler verspottend, sind die

Narrenbilder und Bilder moralisirenden Inhalts.

Gelehrte und Geistliche eiferten in ihren Schriften gegen die Eitelkeit des Welttreibens und wiesen auf das Thörichte allzu weltlichen Strebens hin. Diese Schriften wurden dann oft von Künstlern mit Holzschnitten versehen, welche durch das Bild den Text verdeutlichen sollen, freilich aber auch oft ohne den Text nicht verständlich sind.

Die Begierden der Menschen und eitler Weltsinn wurden als Thorheiten gebrandmarkt, und deren Träger daher in Wort und Bild als Narren bezeichnet. Leicht verständlich ist diese Einführung der Narren, mit einer besonderen sie kennzeichnenden Tracht, durch die alte Sitte der Hofnarren, welche sich zur Erlustigung ihrer Herren alle thörichten Streiche gewähren durften und mussten.[1] Allmählich verbreitete sich diese Sitte auch im Volke. Bei keiner

[1] Vergl. Fr. Nick: Die Hofnarren, Lustigmacher und Possenreisser. 2 Bde. Suttgart 1861.

festlichen Gelegenheit fehlte der Narr mit der Pritsche, der seine Sprünge und schlechten Witze machte; und im Volksschauspiele wurde die ständige lustige Person, welche nie fehlen durfte, in die Narrentracht gesteckt. Eine Sitte, welche sich in Deutschland bis ganz ans Ende des vorigen Jahrhunderts erhielt, und im Deutschen Kasperl-Theater und in Italien im Policinello, Harlekin u. a. ähnlichen Figuren noch heute fortlebt. Auch hier hat die Literatur den Anfang gemacht, und die bildende Kunst folgte bald nach.

Im Fastnachtspiele finden wir den Narren schon sehr früh. Der derbe Nürnberger Meistersänger des 15. Jahrh. Hans Rosenplüt lässt in einem Fastnachtsspiele „Morischgentanz" genannt, zehn Narren einer Frau ihre Liebesabenteuer erzählen, wobei sie sich besonders in thörichten Streichen zu überbieten trachten, weil die Frau dem Dümmsten einen Apfel versprochen hat.

Die lehrhafte Poesie war im 15. Jahrh. sehr im Schwunge, und auch hier drang mit der Satyre der Narr mit ein.

Im Jahre 1494 erschien Sebastian Brant's Narrenschiff.[1] In ein grosses Fastnachtschiff, das nach Narragonia fährt, lässt er die Narren aller Stände einsteigen.

Jede Art von Narren wird in Worten und mit einem Holzschnitte besonders eingeführt. Den Anfang macht der Büchernarr:

«Den vordanz hat man mir gelan
dan ich on nutz vil bücher han,
die ich nit lis und nit verstan.»

Auf einem gothischen Katheder sitzt der Büchernarr vor seinem Pulte, auf dem eine Menge Bücher sichtbar sind. Er hat die Brille auf der Nase, die Schellenkappe hat er in den Nacken geworfen. Von seinen Büchern kann er aber keinen andern Gebrauch machen, als dass er mit einem Wedel die Fliegen davon verscheucht.

Und in ähnlicher Art werden die thörichten Gewohnheiten der meisten Berufsarten und Stände, von den Fürsten und Geistlichen bis zu den Bauern, vorgeführt, auch der Kleidernarr findet schon seine Stelle.

---

[1] Neue Ausgabe mit Bildern von Karl Simrock. Berlin, bei Lipperheide.

Thomas Murner liess ebenfalls seine satyrischen Werke mit Holzschnitten erscheinen, und auch er führt die Besitzer menschlicher Schwächen oder Laster als Narren auf. Zwei in diesem Sinne sehr ähnliche Werke sind die „Schelmenzunft“ und die „Narrenbeschwörung“.

In der Vorrede zu letzterem Buche beruft er sich auf Brant

«Der narren orden ist so gross,
Das er füllt alle weg und stross,
Dörfer, stet, flecken, land,
Die hat uns all Sebastian Brant
Mit im bracht im Narrenschiff,» u. s. w.[1]

Die unterschiedlichen Narren werden dann, nicht wie bei Brant nach einzelnen Ständen geschieden, sondern die Thorheiten überhaupt an Hand von Sprüchwörtern erläutert, von denen viele heute noch im Gebrauche stehen wie z. B. „*Ein wechsen Nas machen*“; „*Ein sach ab den zun brechen*“; „*Bi der nasen fieren*“; „*Das kind mit dem bad ußschitten*“, und manche andere mehr.

Jedem Kapitel ist ein Holzschnitt vorgesetzt, in dem ein Narr in der, durch das Sprüchwort angedeuteten Beschäftigung zu sehen ist. 78 dieser Bilder sind aus Brants Narrenschiff herübergenommen, 17 aber neu dazu von Urs Graf erfunden. Als Bilder nehmen diese Werke in so fern einen unselbständigen Rang ein, als sie nur in Verbindung mit den Worten verständlich sind.

So zeigt uns Urs Graf zu den Worten „*Geuch ußbrieten*“ einen Narren, der auf drei Eiern sitzt, aus denen Pfäfflein auskriechen; oder zu dem Kapitel „*Löffel schnyden*“ einen der am Tische sitzend Löffel schnitzt.

Der noch jetzt gebräuchliche Ausdruck „*Ein verstecktes Spiel treiben*“ heisst bei Murner „*Unter dem hietlin spielen*“; und dazu zeichnete Urs Graf einen Narren, der sein Würfel mit einem Hute zudeckt.

Deutlicher und auch für sich allein zu verstehen ist es, wenn er ein Weib mit der Narrenkappe darstellt, wie sie mit dem Badewasser auch ein Kind in den Fluss schüttet.

---

[1] «Die Narrenbeschörung von Thomas Murner», herausgegeben von Goedecke. 1879. Band 11 von «Deutsche Dichter des 16. Jahrh.» herausgegeben von Carl Goedecke und Julius Tittmann. Leipzig. Brockhaus.

Murner greift zwar auch das unfromme Wesen mancher Geist lichen und Mönche an, war aber ein Gegner der Reformation, was er besonders in seinem 1522 erschienenen Buche „*Von dem grossen Lutherischen Narren, wie in Doctor Murner beschworen hat*“, bekundete. Der Titelholzschnitt weist einen Narren auf, der am Boden liegt. Ein Mönch mit Katzenkopf — Murner selbst — kniet auf ihm und schnürt ihm die Kehle zu, so dass viele kleine Narren ihm aus dem Munde fliegen.

Ebenfalls in dieses Gebiet der satyrischen Illustration, die nur durch Vergleichung mit dem Texte verstanden werden kann, gehören Hans Holbein d. j. prächtige Federzeichnungen zum „*Lobe der Narrheit*“ von Erasmus von Rotterdam.[1]

Erasmus lässt die Narrheit selbst als Rednerin die Kanzel besteigen und der Menge einen Vortrag über ihre Vorzüge gegenüber der Weisheit halten.

Der Mensch bedarf der Thorheit beständig im ganzen Leben, wenn er sich wohl und glücklich fühlen soll. Jeder Mensch, in jedem Stande, würde sich unglücklich fühlen, wenn ihm nicht die Narrheit die Schattenseiten seines Standes verbergen würde und ihn in Selbstgefälligkeit erhielte.

Die Federzeichnungen Holbeins schliessen sich in mannigfach wechselnder Art dem Texte an. Anfang und Schluss werden der Form des Buches gemäss dargestellt. Zu den Worten „*Stultitia loquitur*“ sehen wir die Narrheit als Weib mit der Schellenkappe mit der Geberde des Sprechens auf einer Kanzel stehen. Unten sitzen die Zuhörer, von denen einer ebenfalls Narrentracht trägt. Am Schlusse steigt die Rednerin die Treppen von der Kanzel herab, wobei sie mit der Linken eine freundlich verabschiedende

[1] Jetzt im Museum zu Basel.
Von Neuausgaben mit den Bildern sind zu nennen:

a) Μωριας Εγκωμιον. Stultitiae laus, cum commentariis Ger. Listrii, cum figuris Jo. Holbenij-Basileae, Typis Genathianis. M. DC. LXXVI.

b) Lob der Narrheit aus dem Lateinischen des Erasmus von Rotterdam von Wilhelm Gottlieb Becker. Basel bei Johann Jacob Thurneysen, Jünger. 1780.

c) Eloge de la folie. traduit par Victor Develay et accompagné des Dessins de Hans Holbein. Paris. Librairie des Bibliophiles. Rue Saint Honoré 338. 1872. Bei diesen Ausgaben sind die Bilder zwischen den Text gesetzt, so dass die betreffende Stelle oft nicht unmittelbar beim Bilde steht.

Bewegung macht. Zwei Narren sehen ihr mit dem Ausdrucke der Befriedigung nach, die übrigen Zuhörer stehen noch so unter dem Eindrucke der Rede, dass sie mit vor Staunen aufgerissenen Augen und Mund dasitzen.

Einmal bringt Holbein zu einer allgemein gehaltenen Stelle ein besonderes Beispiel aus dem Leben, nämlich da, wo gesagt ist, dass auch die, welche sich für Weise halten und als solche angesehen sein wollen, die Narrheit nicht verleugnen können. „*Sumque mei undique simillima, adeo ut nec ii me dissimulare possint, qui maxime sapientiae personam ac titulum sibi vindicant.*" Hiezu sieht man einen vornehmen, alten Mann in einer Strasse einhergehen; während er aber thöricht genug ist, sich nach einem Mädchen umzusehen, begeht er eine zweite Thorheit und zertritt einer Eierverkäuferin ihre Waare.

Andere Zeichnungen schliessen sich genau dem Sinne einer Stelle an. Zu den Worten: „*At date mihi terque, quaterque, aut, si licet, sexcenties Stoicum, tamen huic quoque, si non barba insigne sapientiae, etiam si hircis commune, certe supercilium erit ponendum, explicanda frons, abjicienda dogmata illa adamantina, etc. si modo pater esse velit*" zeichnete Holbein einen würdigen, alten Mann, mit wallendem, langem Barte, der nichts desto weniger mit einem jungen Mädchen schäckert. Oder wenn die Thorheit erzählt, dass ihre Jünger alle dick und wohlgenährt seien, erblicken wir das Brustbild eines überaus fetten Narren, der in der Linken eine Wurst hält.

Bei allen Ständen und Berufen erzählt Erasmus deren thörichte Eigenschaften, und zu allen zeichnete Holbein einen Vertreter, mit der Schellenkappe geschmückt.

In anderen Fällen hielt sich der Zeichner nicht an die Stelle, sondern an den Commentar. Dieser giebt oft Erzählungen aus der Mythologie; so z. B. wo von der Unersättlichkeit der Pfaffen die Rede ist, die nicht zu bellen authören, bis man ihnen einen Lockbissen vorwerfe, erzählt der Commentar die Geschichte von Aeneas und Cerberus. Zu dieser Geschichte lieferte Holbein ein launiges Bild, indem er den Aeneas den Cerberus mit einer Wurst ködern lässt.

Auch die gelegentlich im Commentar erwähnte Geschichte der Niobe, wird von Holbein absichtlich etwas carricirt wiedergegeben.

Selbst Jupiter muss es sich gefallen lassen, höchst lächerlich, mit weitgespaltenem Schädel und einem jämmerlichen Gesichte, bei der Geburt der Athene dargestellt zu werden. Aus dem Polyphem, der sich am Tanze der Satyrn und Nymphen erfreut, wird gar ein derber, einäugiger Bauernlümmel, der mit verzückter Geberde einer neckisch hüpfenden Nymphe mit Bocksbeinen zusieht, während ein Satyr die Syrinx bläst.

Auch die Thorheit des Aberglaubens wird geschildert. Wozu ist es nöthig am hellen Tage vor einem Marien-Bilde Kerzen anzubrennen? Hiezu gehört eine Zeichnung, welche zwei Weiber vor einem Bilde kniend und die Kerzen anzündend zeigt. Diese Darstellung würde also für sich alleine, nicht im Zusammenhange mit der Stelle, ohne Humor erscheinen. Wenn Jemand den Christophorus gesehen, so kann er, einem Aberglauben gemäss, an diesem Tage nicht sterben; ein Narr steht mit begeisterter Miene vor einem, an die Wand gemalten Christophorus-Bilde. Dass dem Dummen das Glück hold ist, zeigt ein Kerl, dem die Dummheit im Gesichte zu lesen ist, und dem die vor ihm auf einer Kugel stehende Fortuna Gold in die Schürze streut.

Doch auch einzelne Worte alleine geben Holbein den Anlass zu einem Bilde. Wenn zufällig die Chimaere genannt wird, können wir sie auch mit sehr phantastischen Formen am Rande erblicken; zu der Stelle: „*mutuum muli scabunt*" sehen wir zwei Esel, die sich mit dem Rücken aneinander reiben; und wo von Leuten die Rede ist, welche von einer Sache nicht mehr verstehen, als der Esel vom Lautenschlagen — „*ut* ὄνον πρὸς τὴν λύραν" — sehen wir einen Esel, der mit köstlicher Geberde einen Harfe spielenden Jüngling mit Gesang begleitet.

Diese wenigen Beispiele[1] zeigen schon, wie Holbein bei der Auswahl seiner Bilder verfuhr.

Nicht auf eine eigentliche Illustration des Werkes kam es ihm an, sondern wo immer ihm Gelegenheit geboten war, ein launig erfundenes Bildchen anzubringen, da that er es. Dazu liess er sich sowohl durch den Text selbst, durch die gelehrten Anmerkungen, oder durch einige zufällige Worte verleiten. Wir sehen

[1] Fast sämmtliche Bilder sind beschrieben in der ausführlichen Abhandlung bei Woltmann: a. a. O. I. 118 ff.

also, dass gerade diese Bilder nur der Freude an humoristischer Darstellung ihr Dasein zu verdanken haben.

Bei den meisten Künstlern, die für den Holzschnitt oder Kupferstich arbeiteten, findet sich auch ein oder das andere Mal die Verwendung des Narren; zuweilen zu öfters recht anstössig klingenden Versen, oder aber im Ornamente. Oefters auch kommt der Narr ohne weitere humoristische Nebenbedeutung in Darstellungen vornehmer Geselligkeit vor, sogar in den Todtenbildern und auf anderen Gebieten werden wir ihn noch finden.

Wie die Dichter des Reformations-Zeitalters sehr häufig in ihre Dichtungen eine lehrhafte Tendenz hineinbringen, ja das Lehrhafte als Hauptaufgabe ihrer Kunst betrachten, so finden wir diesen Zug auch bei den Kupferstechern und Holzschnittkünstlern wieder. Zumeist werden Sprüchwörter oder kurze Verse derartigen Darstellungen zu Grunde gelegt.

Auf eigenthümliche Art benützte H. Sebald Beham, seiner ziemlich rohen Gesinnung folgend, solche Illustrationen von Versen und Sprüchwörtern, um unter der Maske des Sittenpredigers sich erst recht frei und derb bewegen zu können.

Ein deutliches Beispiel hiefür ist sein Stich „die Nacht" (B. 153) mit der Beischrift: „*Nox et Amor Vinumque nihil moderabile suadent.*" Diese Inschrift dient ihm nur zum Vorwande, um ein nacktes Weib in sehr wenig schicklicher Stellung auf einem Bette liegend, darstellen zu können. Aldegrever hat dieses Blatt im Gegensinne copiert. (B. 180.)

Mit grosser Vorliebe wendet sich der Spott der Künstler jenen Männern zu, welche allzu sehr im Banne der Weiber stehen.

Murner dichtete: „*Die Gäuchmatte zur straff allen wibischen Mannen.*" Darin schildert er, wie sich die Männer von den Weibern bethören und zu allerlei dummen Streichen verleiten lassen. Natürlich fand auch dies Buch seine Illustratoren. Unter anderen hat auch Ambrosius Holbein vier Bilder zu einer Ausgabe, die 1519 bei Adam Petri in Basel erschien, geliefert. Die übrigen Bilder sind von minderer Hand. Die Bilder selbst sind weniger humoristisch. Der Gauch hat hier einen Falkenkopf erhalten; eigentlich müsste es ein Kuckuck als Vogel der Venus sein.

---

[1] Vergl. Woltmann, a. a. O. II. Nr. 18—21.

In einem Titelblatte für Pamphilius Gengenbach zeigt dagegen A. Holbein selbständigen Humor in Darstellung der Weibermacht. Er stellte hier verschiedene Scenen zusammen, in welchen sich diese so oft verderbliche Macht besonders äussert.

Oben sehen wir Delila, die dem Simson die Haare schneidet; an den Seiten den Zauberer Virgil, der in einem Korbe vor den Fenstern seiner Geliebten hängt, und den von seinen Frauen zum Götzendienste verleiteten Salomo; und im unteren Streifen ist die Geschichte von Aristoteles und Phyllis dargestellt, mit den beigeschriebenen Versen

> «Wie wol er doch kein pferde was
> Ein weyb jn dennocht übersass.»

Wir fanden diese Darstellung schon im 15. Jahrhundert bei Schongauer und dem Meister MZ, und im 16. Jahrhundert wurde sie von manchen anderen Künstlern noch gerne verwendet; von Hans Baldung Grün (B. 48), welches Blatt Bartsch fälschlich „*Xantippe und Socrates*“ nennt, dann von Georg Penz (B. 97), Urs Graf (Pass. 7), Hans Brosamer (B. 18) und von Virgil Solis.

Auch das Sprüchwort von der Frau, welche die Hosen hat, fur eine, die alleine die Herrschaft im Hause haben will, war schon sehr bekannt. Der Monogrammist nahm sich diesen Stoff einmal zum Vorwurfe (B. 38). Vor einem knieenden Manne, der keine Hosen an hat, steht seine Frau. Sie trägt dieses männliche Kleidungsstück, hat ihn bei den Haaren gefasst und erhebt mit der Rechten einen Stock um ihn zu schlagen. An Deutlichkeit lässt wohl dieses Blatt nichts zu wünschen übrig.

Ein ander Mal (B. 37) zeigt der Künstler drei Weiber, welche einem Manne das Beinkleid weggenommen haben und ihn zum Hohne mit Wasser begiessen, während ein Narr zusieht.

Anders fasste Franz Brun diesen Stoff auf. (B. 87.) Er lässt sieben Weiber mit Scheeren, Spinnrocken und anderem weiblichen Hausgeräthe miteinander um ein Paar Hosen raufen. Schon im 14. Jahrhundert gab es ein Fastnachtspiel von dem Streit der sieben Weiber um einen Mann;[1] und in Fastnachtspielen und Schwänken

1 Bei A. Keller: Fastnachtspiele. Stuttgart 1853.

spielt die Satyre auf die *„Siemänner“* überhaupt eine grosse Rolle.[1]

Lucas Cranach brachte sehr oft in Bildern und Holzschnitten einen verliebten Alten, der einem jungen Mädchen schön thut. Das Mädchen nimmt die Gelegenheit wahr, um recht tief in seine Geldtasche zu greifen. Sandrart sagt, Cranach habe diesen Stoff fast ausschliesslich dargestellt;[2] dies ist zwar sehr stark übertrieben, aber immerhin benutzte Cranach diesen Gegenstand, zu dem er immer Halbfiguren verwendete, so oft, dass man ihn wohl als dem Künstler ganz besonders zugehörig betrachten darf. Oelbilder, welche diesen Vorwurf behandeln finden sich in Nürnberg, Prag, Schleissheim, Wien u. a. a. O.

Wir fanden derartige Darstellungen schon bei Israel van Meckenen; und auch unter den Blättern Hans Baldung Grüns kommt dieser Stoff einmal vor. (B. 3.)

Stephan Hamer führte den Gedankengang dieser Bilder noch weiter aus. (B. IX. Nr 2.) Vor einem Bette sitzen ein Alter und ein Mädchen; sie nimmt ihm das Geld und reicht es heimlich ihrem hinter dem Vorhange stehenden jugendlichen Liebhaber um die Thorheit des Alten noch mehr in's Licht zu setzen, sieht ihm zum Ueberflusse auch noch ein Narr zu.

Einer Eigenthümlichkeit Hamers muss ich hier noch Erwähnung thun.

Die Scene nimmt nur einen verhältnissmässig kleinen Raum des ganzen Holzschnittes ein. Rechts davon erblicken wir zwischen zwei divergirenden Linien, dasselbe Bild noch einmal, aber völlig carricirt und in die Breite gezogen, wie es etwa in einem Hohlspiegel erscheinen dürfte. Die Verzerrung dieser Darstellung ist so stark, dass man das Bild fast nur erkennen kann, wenn man es ganz von der Seite betrachtet. Darunter steht in ebenfalls verzogenen Buchstaben *„tus du alter Tor“*.[3] In dem durch die

[1] Vergl. Gervinus: Deutsche Litteratur-Geschichte. II. S. 337. ff.

[2] Schuchardt a. a. O. I. 125 wendet sich entschieden gegen diese Behauptung Sandrarts, und erwähnt sie noch einmal im Anhange bei den Urtheilen über Cranach.

[3] (B. IX. S. 151 Nr. 2.) Es giebt noch ein ähnliches Blatt Hamers (B. 1). Links Jonas aus dem Wallfisch kommend, rechts in verzogener Zeichnung ein Mann, in einer nicht gerade darstellungswürdigen Handlung begriffen. Darunter: «Was sichst Du».

divergirenden Linien oben und unten frei gebliebenen dreieckigen Räumen ist oben eine Jagd, unten ein Boot auf dem Wasser mit einer lustigen Gesellschaft darin dargestellt.

Auf eine recht boshaft, satyrische Art zeigt auch der Meister MT[1] wie sich Männer oft von den Weibern übertölpeln lassen, in zwei zu einander gehörigen Blättern. (B. 7 u. 8.) Auf dem ersten sitzt ein vornehm gekleideter Mann auf einer Bank. Vier Frauen sind um ihn beschäftigt; das Schwert und einen Geldsack haben sie ihm bereits abgenommen, eine zieht ihm auch noch den Rock aus.

Auf dem anderen Blatte sieht man denselben Herren, wie er ohne seine Waffen und ohne Rock von den Weibern aus dem Hause gejagt wird

Dass gegen böse Weiber keine Macht etwas nützt, wollte wohl Daniel Hopfer versinnbildlichen, als er drei scheussliche, alte Weiber darstellte, (B. 71), wie sie unter einem Baum einen Daemon mit Hölzern, von der Form, wie man sie zum Klopfen der Wäsche benützt, durchprügeln, während über dem Baume andere Daemons-Gestalten durch die Luft entfliehen.

Bei Jacob Bink wird sogar ein einzelnes altes Weib mit dem Teufel fertig, indem sie ihn mit dem Spinnrocken schlägt. (B. 58.)

Ein ähnlicher Holzschnitt ist von Hanss W (Hans Weigel?), der um 1560 arbeitete, erhalten (s. Tafel 11).

Anmuthiger ist Lucas Cranach in einer colorirten Feder-Zeichnung im Dresdener Kupferstich-Kabinette.

Zwei Mädchen waschen einem vor einem Kübel knieenden Manne den Kopf. — Ich möchte annehmen, dass diese Zeichnung wohl sinnbildlich aufzufassen sei.

Sogar auf rein persönlich, satyrisches Gebiet begab sich Hans Holbein mit zwei Bildern in Basel (Nr. 22 u. 23), in denen er die, als leichtsinnig bekannte Dorothea Offenburgerin als Lais Corinthiaca und als Venus darstellte.

Die Weibermacht schildert wohl auch ein allegorisches Blatt von Peter Flötner. (Pass. 28.) In der Luft schwebt eine Frauengestalt, welche in einen Schlangenleib endigt. Um ihren linken Arm windet sich eine Schlange; an dem rechten Arme, dessen

---

[1] Siehe Monogramm S. 25.

Hand fehlt, hängt an einem Ringe eine Kette, die sich in sechs Ketten theilt. An jeder dieser Ketten hängt ein Mann, der in einen Sumpf eingetaucht, sich zu retten trachtet. Die Fesseln des einen sind gerissen, und ihm gelingt es aus dem Wasser zu kriechen.

Der Gedanke das Frauenherz als Taubenhaus aufzufassen, taucht gegen Ende des Jahrhunderts auf.

Jost Amman zeichnete in dem „Stamm- und Wappenbuch" eine vornehm gekleidete Dame, die neben einem Taubenschlage steht, aus dem kleine Narren ein- und ausfliegen (s. Tafel 8); und der Monogrammist[1] (Nagler Mon. I. Nr. 1922 und IV. Nr. 791) stellt zwei junge Damen neben einem Taubenhause dar. Aus diesem fliegen kleine junge Cavaliere aus, fallen aber öfters ins Wasser, aus dem sie von den Damen mit Sieb und Angelschnur herausgefischt werden. Ein beigeschriebener Vers besagt:

«Einer Jungfrauen Herz ist wie ein Daubenhaus,
Da einer einfleucht, der andere aus.»

Von demselben Künstler besitzen wir noch ein Blatt, welches uns zeigen soll, dass alle Nationen der Liebe unterworfen sind. In einem Zimmer sitzt eine reich gekleidete Dame. Einem Herren reicht sie die Hand zum Kusse, einem anderen tritt sie auf den Fuss, und ein dritter kommt eben ins Zimmer. Ein Narr deutet durch das Fenster auf die Dame. Ihren Gedankengang drückt folgender Vers aus:

«Mit Fusstretten, Handtdrucken und Lachen,
Kan ich sie alle Drey zu Narren machen.»

Durch Beischriften sind die drei Herren als Franzose, Deutscher und und Spanier bezeichnet, und andere Verse drücken noch die Gesinnungen der drei verschiedenen Liebhaber aus. Auch wie die Frauen die verliebten Männer mit Vogelruthen fangen und noch manche andere Art sich ihrer zu bemächtigen und sie zu besiegen wurde sehr häufig dargestellt (s. Tafel 9 und 7). Harmloser ist eine andere Darstellung von Jost Amman, wenn er eine Frau am Klavier zeigt, der ein Narr zuhört (s. Tafel 10).

---

[1] Von diesem Meister haben wir einen etwas unklaren satyrischen Stich. Ein Mann in Landschaft trägt eine Leimruthe an der sich 2 Affen und 2 Vögel gefangen haben. Im Hintergrunde ein Narr, 2 Hasen und ein Affe ebenfalls Leimruthen tragend. Darunter ein Gedicht. Die beiden oben erwähnten Blätter haben zwar ein etwas anderes Monogramm, Nagler schreibt sie aber doch demselben Meister zu, was mir auch sehr wahrscheinlich ist.

Das Leben der Mönche war wirklich oft ein durchaus nicht heiliges. Dieser Umstand wurde von den Anhängern der Reformation, und das waren die meisten Deutschen Künstler, als gute Waffe im Streite ausgenützt, und bot des Oeftern Anlass zu satyrischen Bildern.

Schriftsteller wie Wimpfeling, Reuchlin und Erasmus zogen schon, ehe Luther sein Reformations-Werk begonnen hatte, viele Schäden der Kirche schonungslos ans Licht; und besonders das erwähnte, unfromme Treiben vieler aus der höheren Geistlichkeit und der Mönche wurde von ihnen zum Angriffspunkte erwählt.

Bei den Todtentänzen werden wir noch sehen, dass in den Blättern, auf denen der Tod an Geistliche herantritt, die Künstler sich gerne ganz der Ironie hingaben.

Einer der derbsten Kritiker des Mönchswesen war wohl Heinrich Aldegrever. Er stellte zweimal eine höchst unanständige Scene in einem Klostergarten dar, (B. 178 u. 179), deren einer er auch noch Verse beischrieb, von denen ich nur den einen:

> «Im Kloster Garten oft geschicht
> solch Disciplin wie man hie sicht,»

mittheilen kann, die anderen entziehen sich der Wiederholung. Derartige Streitblätter wurden überhaupt zumeist mit Beischriften in Versen versehen, um nur ja alles deutlich auszudrücken.

Von „*Pancratius Kempff, Brieffmaler zu Magdeburg*“, der um 1540 thätig war, ist ein Flugblatt erhalten, das sich gegen das Regensburger Interim wendet. Ueberschrieben ist dasselbe: „*Das Interim vnd Interimisten warhaftige abgemalte Figur vnd gestalt daraus yderman sonderlich bey dem Brettspiel vnd der grossen Kannen mit Bier yhr andacht vnd messig leben erkennen kan*“. An einer kurzen Säule hängt eine Tafel mit Noten. Ein Mann in rothem Kleide, an dessen Saume Interim geschrieben steht, weist mit dem Stocke danach. Verschiedene Mönche stehen herum und singen, einer hält ein Brettspiel, ein anderer trinkt aus einer grossen Holzkanne. Hinter der Tafel steht ein Narr mit der Brille. Auf der Tafel selbst sind den Choralnoten die Worte als Text unterlegt:

> «Beatus vir qui non abiit in consilio, in consilio impiorum.
> Selich ist der Man / der Got vertrauen kan /
> unt willigt nicht ins Interim / dan es hat den Schalk hinter im,
> hinter im».

Natürlich bedienten sich die Gegner der Reformation auch keiner sanfteren Waffen in Wort und Bild.

Die Schrift Murners z. B., von dem „*Lutherischen Narren*“ und deren Titelholzschnitt habe ich schon erwähnt.

Solcher Flugblätter und Illustrationen sind noch sehr viele in den verschiedenen Kupferstich-Kabinetten erhalten. Ich führe aber davon nicht mehr an, nicht nur aus dem Grunde, weil sie oft nur in einzelnen Blättern erhalten, an vielen verschiedenen Orten verstreut und darum schwer vollständig zu übersehen sind, sondern auch weil schliesslich in diesen Blättern der Humor zum grössten Theile verloren ging. Sie arteten in ausgeklügelte, ohne Beischriften unverständliche Darstellungen aus, die von minder hervorragenden, dafür aber um so boshafteren Künstlern gefertigt wurden. Zu verwundern ist diese Erscheinung nicht, wenn man bedenkt, mit welcher Erbitterung der Kampf auf beiden Seiten geführt wurde.

Wenn gebildete und hoch stehende Künstler zuweilen in solchen Darstellungen schon sehr weit gingen; wenn Lucas Cranach in dem „*Passionale Christi und Antichristi*“, das 1521 erschien, auf 26 Blättern immer einer Handlung Christi, eine ihr gerade widersprechende Handlung des Papstes gegenüber stellte; und wenn Hans Holbein sich sogar so weit verstieg, dass er in der sogenannten „*Satyrischen Passion*“, welche uns nur in Nachstichen Wenzel Hollar's erhalten ist, die Feinde und Widersacher Christi durchwegs als Mönche darstellte — das Volk, welches „*Kreuzige*“ schreit, Judas, Pilatus, der Hohe-Priester und alle anderen Feinde Christi stecken in geistlicher Tracht —; so wird es wohl begreiflich, dass tiefer stehende Künstler-Naturen endlich ohne allen Humor in solchen Streitbildern fast nur Plumpes und Rohes hervorbringen konnten.

Die erwähnten Gebiete, die Narren- und Liebes-Bilder und die religiösen Streitblätter, unter welchen allen eine scharfe Trennung darum nicht durchführbar ist, da, wie wir sahen, ein Gebiet in das andere übergreift, bilden die Hauptmasse der satyrischen und moralisirenden Bilder; daneben finden sich aber auch noch andere Blätter, welche ebenfalls meistens der Literatur oder im Volke wurzelnden Erzählungen ihre Entstehung verdanken.

Das Alter empfand man als drückende Last, man strebte danach Mittel zur Verjüngung zu finden. Was in Wirklichkeit unmöglich ist, stellte die geschäftige Phantasie aber doch als erreichbar hin. Es entstand die Sage von dem Jungbrunnen, einem Wasser, dass die Kraft besitzt, allen gebrechlichen Menschen, wenn sie darin baden, wieder zu Jugendkraft und Schönheit zu verhelfen. Unter anderen hat auch Hans Sachs diesen Stoff in einem seiner Schwänke verarbeitet.

Die Künstler der Renaissance, welchen ja die Darstellung des Nackten überhaupt eine willkommene Aufgabe war, benützten diese vortreffliche Gelegenheit, nackte Gestalten zu zeichnen, und schöne, jugendliche Körper alten, abgewelkten gegenüber zu stellen, sehr gerne.

Von Lucas Cranach d. ä. besitzt die Berliner kgl. Gallerie ein Gemälde dieses Inhaltes. Auf der einen Seite eines Wasserbeckens steigen hässliche, alte Weiber herein, und auf der anderen Seite kommen sie verjüngt und schön wieder heraus, um in lustigen Spielen sich der wieder erlangten Jugend zu erfreuen.

Hans Sebald Beham brachte natürlich in einem grossen Holzschnitte des Jungbrunnen (B. 165, Anm. 262), seiner derben Art getreu, eine ziemliche Anzahl anstössiger Scenen, ähnlich, wie in seinen Badestuben an.

Mehr moralisirenden Inhaltes, als diese Allegorie, ist eine andere, einige Male zur Illustration benützte Erzählung, von dem Vater, der mit seinem Sohne und einem Esel über Land zog. — Als der Vater auf dem Esel ritt, hielten sich die Leute über den hartherzigen Vater auf, der seinen Sohn laufen lasse; als beide auf dem Esel sassen, klagte man über ihre Grausamkeit; anderen war es nicht recht, dass der Sohn ritt und der Vater ging; und als nun beide vor dem Esel hergingen, wurden sie wieder ausgelacht.

Den Sinn dieser Fabel hat Hans Sachs gleich im Titel eines Schwankes, in dem er sie auch behandelte, vor weg genommen: „*Der Waltbruder mit dem esel, der argen welt thut niemant recht*“. Bilder zu dieser Sage fertigten Schäufelein (B. 104—109) und Hans Guldenmundt. (Pass. III. 251 Nr. 36.) (siehe Tafel 12.)

Bei beiden wird die Erzählung durch einen Herold eingeleitet, der die Geschichte einem alten Manne erzählt; dann folgen die einzelnen Scenen, wobei immer auch die vorübergehenden Leute mit Geberden gezeigt werden, die ihre unbefugte Einmischung in die fremde Angelegenheit deutlich ausdrücken. — Guldenmundt hat eine Scene mehr als Schäufelein, er bringt auch noch ein Bild, auf dem Vater und Sohn auf ihren Schultern den Esel tragen. — In beiden Folgen wird der Esel von Vater und Sohn aus Unmuth darüber, dass sie es niemand recht machen können, ertränkt.

Hierher gehört auch eine Allegorie von Barthel Beham, die von ihm selbst als „*Der Welt Lauf*" bezeichnet wurde. (B. 39.) Im Vordergrunde liegt die Gerechtigkeit an Händen und Füssen gefesselt, neben ihr ruhen ein schlafendes Kind und ein ebenfalls schlafendes Lamm. Im Hintergrunde erblickt man einen Fuchs, der ein Schwert im Maule haltend, eine Ente verfolgt.

Von Virgil Solis haben wir eine Illustration zu der Fabel von der Ehebrecher-Brücke, welche nur jene überschreiten können, welche sich keines Ehebruches schuldig gemacht haben. (B. 300.)

Auf einer Bogenbrücke reiten ein König und eine Königin sicher an das andere Ufer; zwei Frauen, welche auch hinüber reiten sollten, sind ins Wasser gefallen und retten sich durch Schwimmen. Auf einer Tafel am Thorbogen der Brücke steht: „*Eebrecher Pruck*". In der Literatur findet sich diese Sage in verschiedenen Formen.

Fruchtlose Bemühungen ironisirt Hans Baldung in der Umrahmung einer Zeichnung eines Zechgelages. Ueber diesem Bilde ist ein Mann zu sehen, der auf einem anderen statt auf einem Pferde sitzt, und mit einem Aste, den er als Lanze eingelegt hat, gegen Windmühlen anreitet.

Ironisirend ist auch eine andere Zeichnung dieses Meisters, eine Allegorie des Glückes. Ein nacktes Weib hat Kugeln unter die Füsse gebunden; um nun damit gehen zu können, muss sie sich auf zwei Stöcke stützen. Ein kleiner nackter Knabe ist bemüht, sie vorwärts zu schieben und hält ihr einen der Stöcke fest.

Aehnlichen Sinnes ist eine Zeichnung Manuels, eine Fortuna nach Dürers Nemesis copiert. Sie hält einen Lasso mit mehreren Schlingen; ein kleiner, auf ihrer Schulter stehender Amor, der an der Spitze seines Pfeiles eine Narrenkappe trägt, zeigt wohl an, wer mit dem Lasso gefangen werden soll.

Daniel Hopfer zeigt auf einem Blatte eine geflügelte, stehende Venus. Den linken Fuss hat sie auf einen Todenschädel gestellt, neben ihr spielt Amor die Laute. In der Linken hält sie eine Distel, und hinter ihr steht eine Dämons-Gestalt, während verschiedene Fratzengesichter sie umflattern.

Die Schlauheit der Kaufleute kennzeichnet Jost Amman in seinem „*Stamm- und Wappenbuch*“, in dem er einem Kaufmann einen Fuchs an die Seite giebt. In ähnlicher Art wird dieser Künstler sehr persönlich ironisch, wenn er den Verleger Feyerabend in einem von Krebsen gezogenen Schlitten darstellt. Krebse heisen nämlich die nicht abgesetzten und daher an den Verleger zurückkommenden Bücher. Die über ihm schwebende, eine Trompete blasende Figur mit der Beischrift „Fama“ zeigt wohl an, dass da alle Reclame vergeblich sei. (s. Tafel 13.)

Sogar Wappenbilder werden schon zur Satyre verwendet. H. S. Beham stach ein Phantasie-Wappen mit einem nach rechts schreitenden Löwen im Schilde und zwei Flügeln als Helmzier. Satyrisch wird dieses Wappen erst durch die Umschrift: „*Von Gottes Gnaden Her von weiss nit weer, dort gesset in genem Dorf*“.

Deutlicher ist dagegen ein Wappen, das Urs. Graf, wohl für einen eingebildeten Gelehrten, mit der Feder zeichnete (Albertina). Statt des Wappenschildes gibt er eine Reisetasche. Die Helmzier besteht aus zwei Papierrollen, an deren jeder ein Tintenfass hängt, zwischen den Rollen drei Gänsefedern. Die Wappenhalter sind links ein ziemlich hochgeschürztes, junges Weib mit einer Schale in der Hand, rechts ein Mann in Gelehrtentracht mit der Schellenkappe auf dem Kopfe. In der Rechten hält er eine Rolle in der Linken einen Geldbeutel. Ueber dem Wappen steht ein jetzt ganz unleserliches vierzeiliges Gedicht, unten Johannes Scriptoris.

Eine Allegorie, welche wahrscheinlich auch auf eine Erzählung Bezug hat, ist die Darstellung des Heiligen Niemand auf der Tischplatte, welche Hans Holbein malte, und die sich in der Bibliothek zu Zürich befindet. Der Heilige Niemand sitzt mit einem Schlosse vor dem Munde unter allerlei zerbrochenem Geräthe. — Im Uebrigen sind noch Jagden und Laubwerk auf dieser Platte dargestellt.[1]

---

1 Vergl. die Beschreibung bei Woltmann, a. a. O. I. 110 ff. in der 2. Auflage.
In der ersten Auflage wird die Platte flüchtiger erwähnt.

Todten- und Vergänglichkeitsbilder.

Nicht das Leben allein ist aber geeignet als künstlerischer Vorwurf verwerthet zu werden; auch der Tod hat zu allen Zeiten Denker, Dichter und Künstler beschäftigt. Jede Religion weist ja auch auf ein jenseitiges Leben hin, zu dem jeder Mensch einstmals durch die Pforte des Todes eindringen muss.

Von dem altägyptischen Todtenbuche, dem griechischen Kypselos Kasten und uralten griechischen Bestattungsbildern, die mit mystischen Culten, wie dem der Kabyren, in Verbindung stehen, bis zu den allerneuesten Werken unserer Zeit bilden der Tod als Personification oder das Sterben als solches immer wieder den Inhalt der Werke von Dichtern und Künstlern.

Und jede Zeit wusste diesem Vorwurfe wieder neue Seiten abzugewinnen.

Die Alten bildeten ihn meistens als den düsteren Bruder des freundlichen Knaben Schlaf und Sohn der Nacht.

Im Mittelalter, zur Zeit eines ascetischen Christenthums, gewann er mehr an Schrecken. Den Menschen wurde täglich ihr eigener Unwerth vor Augen gehalten, oft erwartete man nach Prophezeiungen den Weltuntergang, die Gedanken wurden nach dem Ende gerichtet; aber was erwartet jeden einzelnen nach dem Tode, Lohn oder Strafe?

So wurde der Tod zu dem unheimlichen Gespenste, das man mit Grauen betrachtet, dem aber doch niemand entgehen kann.

Diese Vorstellung blieb auch in der Renaissance die allgemeine. Aber eine Aenderung in der Auffassung wird doch bemerkbar. Täglich hatte man in den Kriegen der Zeit, sowie in Folge von Seuchen den Tod vor Augen, den Menschen fasste zwar Entsetzen davor, aber man erkannte seine Nothwendigkeit, und dadurch kam zu dem Schrecken vor dem Bezwinger alles Lebendigen ein Zug von Resignation, der sich mit Humor paarte; oder es wurde den Darstellungen die Satyre auf solche Leute, die sich im Leben allzuwohl und sicher fühlen, beigemischt.

Im Alterthume war Hermes der Bote, welcher die abgeschiedenen Seelen in die jenseitigen Gefilde begleitete; in den christlichen Zeiten wird der Tod selbst derjenige, welcher allen

Menschen in grossem Zuge als Führer vorangeht. Und weil im Leben bei festlichen Gelegenheiten und am Tanzplatze alles den Musikanten nachströmt, so bekommt nun auch der Tod Musik-Instrumente, mit denen er die Menschen über die Schwelle dieses Daseins lockt.

In der Literatur war diese Auffassung schon seit dem 13. Jahrhundert sehr verbreitet, im 15. nehmen die bildlichen Darstellungen davon immer mehr überhand und werden schliesslich zur Hauptsache.[1]

In der Schweiz, in Basel entstanden schon im 14. und 15. Jahrhundert zwei berühmte Todtentanzfolgen als Wandgemälde. Auch Holzschnitte des Todtentanzes wurden schon im 15. Jahrhundert gefertigt. Einen besitzt die Heidelberger Bibliothek.[2]

Während aber die beiden älteren Werke den Tod einfach neben seinem Opfer, das er sich aus allen Ständen erwählt, dastehend zeigen, tritt schon im Grossbaseler Todtentanze — den schon Massmann ans Ende des 15. Jahrhunderts statt in das Jahr 1439 setzt — ein humoristischer Zug auf. Hier bereits beginnt das Todtengerippe sein Opfer in dessen Hauptbeschäftigung nachzuahmen, oder ihm hinterlistig Fallen zu stellen, wie z. B. dem blinden Bettler, der von seinem Hunde an einer Schnur geführt zu werden gewohnt ist. Dieses Mal aber leitet der Tod den Bettler selbst an den Grabesrand und zugleich schneidet er die Leine des Hundes mit der Schere durch.

Ganz scharf ausgesprochen ist dieser Zug beissenden Humores in dem Berner Todtentanze von Niclaus Manuel Deutsch. Die Figuren sind zum grössten Theile, wahrscheinlich dem Auftrage gemäss, dem Baseler Todtentanze entnommen, die Auffassung ist aber eine neue und dem Künstler eigenthümliche, und dadurch ist er, und nicht die Baseler Todtentänze, der Vorläufer der so sehr berühmten Todesbilder von Hans Holbein d. j.

---

1 Ueber die Entwickelung der Todtentanz-Gedanken siehe Woltmann „Holbein" I. Cap. XI, wo auch der grösste Theil der einschlägigen Literatur angegeben ist.

2 Massmann giebt die Abbildungen der beiden Baseler und des Heidelberger Todtentanzes im Atlas zu: „Die Baseler Todtentänze". V. Band von „Der Schatzgräber". Herausgegeben von J. Scheible, Stuttgart 1847.

Auf Manuels reformatorische Tendenz führt Vögelin[1] die Einleitung dieser Bilderfolge zurück; indem der Künstler nämlich dem Todtentanze die Austreibung aus dem Paradiese, die Gesetzgebung auf Sinai und die Kreuzigung vorangehen lässt, stellt er auch *„den Ursprung und die Ueberwindung des Todes“* dar. — Seine Stellung zur Reformation, in deren Dienste sich Mannel besonders als Schriftsteller eifrig stellte, kennzeichnet auch die bittere Ironie, mit welcher der Künstler den Tod mit den Personen geistlichen Standes verfahren lässt. Während der Papst auf seiner Sänfte getragen wird, erklettert der Tod dieselbe und reisst ihm Stola und Tiara fort. Aehnliche Ironie zeigt sich auch bei den übrigen geistlichen Würdenträgern.

Eine andere Art von Humor zeigt sich bei den weltlichen Ständen, wo der Tod entweder die Handlungen der Lebenden nachahmt, oder sie darin unterbricht. Z. B. wenn er dem Bauer auf dem Deckel des Butterfasses einen Marsch vortrommelt, den Koch mit dem Löffel lockt, und zuletzt dem Maler den Malstock von rückwärts aus der Hand reisst; oder wenn der Tod unter einer dienenden Geberde doch seine unwiderstehliche Macht äussert. Dem Herzoge hilft er die goldene Kette abnehmen, den vornehmen Jüngling begleitet er als Falkenträger, den Schultheiss als Waffenträger.

Gerade über den Humor in diesen Todtenbildern ist schon so ausführlich geschrieben, dass ich es hier bei diesen kurzen Erwähnungen bewenden lassen kann.[2]

Auch Holbeins berühmte Bilder des Todes sind in der Schweiz, in Basel entstanden. Holbein giebt ebenfalls eine bildliche Einleitung, in der er zeigt, wie der Tod in die Welt kam. Zuerst stellte der Künstler *„die Schöpfung aller Ding“* dar, darauf folgt *„Adam Eva im Paradyss“*. Durch den Sündenfall hat aber der Tod erst die Gewalt über den Menschen bekommen, und so zieht er auf dem Bilde *„Usstribung Ade Eve“* triumphirend auf einem Saiten-Instrumente spielend, dem ersten Menschenpaare voraus in die noch unbekannte Welt.

---

1 Bächtold und Vögelin, „Niclaus Manuel“ S. LXXXVI ff.

2 Woltmann a. a. O. Cap. XI. und Vögelin, a. a. O., dessen Stelle bei Händcke: „Niclaus Manuel“ abgedruckt ist.

Von nun an ist der Tod der stete Begleiter der Menschen, wie er schon dem Adam beim Ausroten einer Waldung behilflich ist. Hierauf erst ſolgt die alte Einleitung, die schon in den früheren Todtentänzen gebräuchlich war. Das Blatt *„Gebeyn aller Menschen“* führt uns ein grosses Gebeinhaus vor, das wir erfüllt von Gerippen sehen, während davor mehrere musicirende Skelette das nimmer endende Lied des Todes der Welt kund thun.

Nun folgen alle Stände der Erde, mitten in der Weltlust und ihrer Beschäftigung vom Tode überrascht. Am Schlusse klingt dann dieser schaurige Triumph des Todes aber wieder im Sinne der Reformation versöhnend mit der Ueberwindung des Todes, der Auferstehung aller Menschen zum jüngsten Gericht aus. Den völligen Abschluss bildet dann das Wappen des Todes.

Im zerrissenen Wappenschilde, so weit geht Holbein in der Allegorisirung der alles vernichtenden Macht des Todes, ist ein Todtenschädel; die Helmzier bilden zwei Knochenarme, die einen schweren Stein hochhalten; in ihrer Mitte steht die Sanduhr. Als Wappenhalter erblicken wir links einen vornehmen Herrn, rechts eine Dame, als Sinnbilder des dem Tode unterworfenen Menschengeschlechts. Woltmann vermuthet darin den Künstler selbst und seine Frau.

Die einzelnen Scenen hat Woltmann schon vortrefflich und ausführlich geschildert; einiges möchte ich aber doch noch erwähnen, um die Art von Holbeins Humor in diesen Bildern zu kennzeichnen.

Wie es schon Manuel gethan, lässt er den Tod den Vertretern aller Stände, gerade in der für ihren Stand bezeichnendsten Handlung das *„bis hierher und nicht weiter“* zurufen; denn wie kein Mensch dem Tode überhaupt entrinnen kann, so ist er auch zu keiner Zeit vor demselben sicher. Zu jedem Bilde gehört eine Inschrift, Bibelstellen entnommen, die in ernsten Worten dasselbe besagt, wie das Bild durch die Mittel höhnender Satyre oder auch milder Ergebung.

Sehr schlecht kommt die Geistlichkeit auch wieder bei Holbein weg. Den Papst zeigt er auf der Spitze seiner Macht, einen Kaiser krönend. Doch selbst in diesem Augenblicke ist er einem Mächtigeren unterworfen. Ihm, der eben Kronen austheilt, wird vom Tode seine eigene entrissen. Mitten aus einer Schafheerde, die dem Bischofe als Gemeinde unterstand, und die sich nun zerstreut, führt der Tod den Bischof selbst davon. Dazu gehört die Inschrift: „*Ich werde den Hirten schlagen und die Schafe der Heerde werden sich verstreuen*“. Dem Cardinal, der eben Ablassbriefe verkauft, entreisst das Furchtgerippe seinen Cardinals-Hut, entkleidet ihn also gleichsam seiner Macht. Dem dicken Abte, der sich wohl mehr um das leibliche als um das geistige Wohl bemühte, naht der Tod als sein geistlicher Vorgesetzter in Bischofstracht; hinter dem Pfarrer steht er auf der Kanzel mit der Stola und wird nun eine eindringlichere Predigt, als jener, halten.

Den Bettelmönch entführt er gerade, als er sich seiner gesammelten Schätze erfreuen will; der Nonne löscht er die Kerze aus, während sie, scheinbar betend, sich nach einem die Laute spielenden Jünglinge umsieht.

Dem guten und frommen Pfarrer dagegen geht er als Messner mit Glocke und Laterne zu einer Einsegnung voran, ihn so in seinem auf ein frommes Ende vorbereitenden Amte unterstützend.

An viele weltliche Stände tritt er gerade im unerwartetsten Augenblicke, als sie so recht mit irdischen Dingen beschäftigt sind, heran.

Dem Könige giesst er bei üppiger Tafelrunde den letzten Becher ein; die Kaiserin überrascht er auf dem Spaziergange; der Königin naht er in der, bei Hof damals so gern gesehenen Narrentracht.

Eitler Weltsinn scheut aber schliesslich auch keine Ungerechtigkeiten mehr, und diese bestrafend erscheint der Tod ebenfalls.

Den Richter ereilt er gerade in dem Augenblicke, als er, von einem Reichen, der eben in die Geldtasche greift, bestochen, dem armen Manne Unrecht geben will; dem Fürsprech, der sogar auf offener Strasse Geld empfängt, hält er mahnend die Sanduhr vor; ein Hilfe Flehender, begleitet den Rathsherrn, der nicht auf seine Bitten achtet, da wirft sich der Tod ihm zu Füssen; diesem muss er Gehör schenken, ob er will oder nicht. Dem reichen Manne entreisst er das geliebte Gold.

Nicht strafend aber dennoch schrecklich naht der Tod dem Edelmanne, der sich vergeblich mit dem Schwerte, das ihm aus so vielen Gefahren geholfen, wehrt; den Kaufmann fasst er gerade da, als er seine Waaren vom Schiffe abladen lässt; dem Schiffer auf hoher See zerbricht er den Mast. Der Ritter wird vom Tode mit seiner eigenen Lanze durchbohrt; dem Grafen wird das Wappenschild zerbrochen. Den Krämer, der mit seiner Waare am Rücken dahinzieht, zieht er zurück.

Scheinbar hilfreich erscheint der Tod der Gräfin, der er beim Ausziehen behilflich, statt der abgelegten Goldkette, eine solche von Knochen umhängt; oder dem Ackersmann, dem er die Pferde vor dem Pfluge antreibt.

An die alte Auffassung des Tanzes erinnert es, wenn der Tod der mit einem Herrn einherschreitenden Edelfrau, auf die Trommel schlagend vorantanzt; oder der im Bette liegenden Herzogin auf einer Geige zum Tanze aufspielt, während ein anderes Gerippe sie an den Füssen aus dem Bette zerrt.

Aber auch wirklich freundlich, weil erwünscht, erscheint der Tod. Gerne lässt das alte Weib sich von ihm geleiten, ein Gerippe geht lustig auf dem Hackbrett spielend, vor ihr her; ebenfalls spielend führt er den alten, müden Mann an den Grabesrand.

Später fügte Holbein noch einige Blätter hinzu, die besonders das nichtige oder gar leichtfertige Treiben der Menschen in seiner Werthlosigkeit zeigen sollen.

Dem Astrologen, der vor seinen Büchern und der Darstellung der Weltkugel sitzt, hält er einen Schädel vor; auch eine Kugel, die einstmals eine Welt umspannte.

Dem Säufer giesst er Wein in den geöffneten Mund; und von drei Spielern wird einer eben von Tod und Teufel an der Kehle gefasst. Dem mit blöd lustiger Geberde tanzenden Narren spielt der Tod auf dem Dudelsacke auf; und den Räuber fällt er als stärkerer Räuber an.

Dem verzweifelten Fuhrmanne hat er Wagen und Pferde zu Sturze gebracht, und ein zweites Gerippe läuft mit dem einen Rade davon.

Den armen Blinden dagegen, dessen traurigen und beschwerlichen Lebensweg der Künstler durch einen wirklichen, durch grosse Steine ungangbar gewordenen Weg sehr fein anzeigt, führt der Tod sanft an seinem Stabe von diesem Wege ab.

So finden wir also eine reiche Fülle von Gedanken und Auf

fassungen, wie der Tod schliesslich dem Leben ein Ziel setzt. — Den einen ironisirt er in seinem eigenen Thun und Handeln, den anderen überrascht er in eitler Weltlust oder gar in Sünde; wieder einigen zeigt er die Nichtigkeit ihrer Werke, andere bestraft er für die Ungerechtigkeiten, die sie in ihrem Leben begangen, und endlich erscheint er auch als sanfter Tröster und Endiger der irdischen Leiden.

Von der ursprünglichen Auffassung eines grossen Reigentanzes, zu dem der Tod alle Menschen einläd, ist, ausser einigen musicirenden Skeletten, wenig mehr übrig geblieben, da die ganze Darstellung nun mehr auf dem psychologischen Gebiete künstlerisch vertieft wurde.

Von diesen Bildern des Todes finden wir unter den Werken Aldegrevers acht Blatt fast genau copirt, doch aber mit mehreren Aenderungen wieder. (B. VIII. Nr. 135—142.) (s. Tafel 14.)

Auch einen wirklichen Todtentanz hat Holbein für eine Dolchscheide entworfen, hier zerren Gerippe ihre Opfer zu einem wilden Reigen fort. Die Darstellung selbst ist in ähnlicher Weise eine ironische, wie in den Bildern des Todes.

Ganz und gar wieder im Sinne dieser sind die Buchstaben mit dem Todtentanze gehalten. Auch das Alphabet schliesst mit dem jüngsten Gerichte. Sehr hübsch und neu in der Auffassung ist das Kind im Buchstaben Y, das der Tod an beiden Aermchen hält und in der Wiege schaukelt. Wie die Mutter ihr Kind zum zeitlichen Schlafe einwiegt, so thut es hier der Tod zum ewigen.

Von dem Meister AG stammt ein Todtentanz aus dem Jahre 1562 (B. IX. 2—9 Nagler Mon. I. Nr. 260). In diesem ist besonders der Gedanke des die Menschen äffenden Todes wieder verwendet. Dem lustwandelnden Paare schlägt er die Tommel, dem sich im Tanze drehenden spielt er auf dem Hackbrette auf; das Hochzeitspaar verbindet er statt des Geistlichen, oder er begleitet vornehme Leute, wie sie, in vornehmer Tracht mit Mantel, Federhut und Degen.

Ausser diesen Bilder-Cyclen entstanden aber im 16. Jahrhundert eine Menge von Einzelblättern, mit dem Zwecke, den Menschen ihre Vergänglichkeit und den Warnruf „*memento mori*“ vorzuhalten.

Dem Ambrosius Holbein wird ein Blatt *„Der Tod als Mäher“* zugeschrieben. (Woltm. Nr. 2. Pass. bei Hans Holbein 89). Vor der gewaltigen Hippe sinken alle Stände der Erde gleich Grashalmen zu Boden.

Dem Gedanken nach, diesem Blatte ähnlich, ist eine Zeichnung in der Albertina, die vielleicht dem Hans Baldung Grün zuzuschreiben ist. Drei Reiter werden von drei Skeletten verfolgt. Das eine Pferd bäumt sich, eines ist mit seinem Reiter gestürzt, über jedem fliegt ein Gerippe, drohend und grinzend daher; der dritte Reiter sucht noch zu entfliehen, wird aber bereits am Mantel von einem Skelette festgehalten.

Auch bei Dürer finden wir den Tod, welcher einen Reiter verfolgt, in den Randzeichnungen zum Gebetbuche Maximilians, Das Wappen des Todes findet sich ebenfalls bei Dürer wieder, mit dem Todtenschädel im Schilde. Als Schildhalter dient aber hier ein Mädchen, das von einem wilden Manne geküsst wird.

Aus der grossen Menge von Todesbildern aller möglichen Meister, da beinahe jeder Künstler dieser Zeit sich auch einmal mit diesem Stoffe beschäftigt hat, will ich noch einige besonders hervorragende Beispiele erwähnen, um die ganze Richtung und die Verschiedenheiten in den Auffassungen zu kennzeichnen.

Die ganze Entsetzen erregende Macht des Todes zeigt Burgkmair in dem Blatte *„Der Tod als Würger“*, wo der Tod den ihm zum Opfer gefallenen, am Boden liegenden Jüngling an der Kehle packt, und ein zweites Opfer, ein ängstlich davon eilendes Mädchen unbarmherzig am Kleide mit den Zähnen zurückhält.

Tritt hier der Tod beide Liebenden zu gleicher Zeit an, so finden sich auch andere Bilder, auf denen er als Zerstörer des Liebesglückes durch Trennung der Liebenden auftritt.

Zwei solche Zeichnungen fertigte N. Manuel.[1] Auf der einen zielt der Tod mit dem Bogen nach einem Herren, der eben mit einer Dame das Mahl eingenommen hat; sie ist vergeblich bemüht, ihn zu beschützen. Auf dem anderen ist es die Frau, die dem Tode auf einem Spaziergange verfallen ist; alle Mühe des Herrn sie mit den Waffen zu retten, bleibt vergeblich. Auf dem Blatte *„Der Spaziergang“* von Dürer (B. 94) lauert das Todtengerippe

[1] Beide Blätter in Basel.

mit der Sanduhr in der Hand, heimtückisch hinter einem Baume auf das lustwandelnde Paar.

Peter Flötner zeigt ein im Freien sitzendes Paar, das in Liebesgespräche so vertieft ist, dass es gar nicht bemerkt, wie der Tod bereits über den Zaun steigt, um sie zu trennen, während auf der anderen Seite dämonische Gestalten mit Fangeisen in den Händen, auf die gute Beute lauern. (B. IX. Nr. 2. Pass. III. Nr. 10.)

In diese Art gehört auch Burgkmairs Wiener Bild auf dem er sich und seine Frau malte. Im Spiegel erscheinen nur zwei Todtenköpfe. Dazu die Inschrift

„*Solche Gestalt unser beider was,*
Im Spiegel aber nix dan das“

Hans Sebald Beham benützte diesen Gedanken, seiner derben Art getreu, zu einem höchst unanständigen Kupferstiche (B. 152), mit der Beischrift „*Mors ultima linea rerum*“. Dieses Blatt soll nach Chmelarz[1] der Grund für die Verbannung Behams aus Nürnberg im Jahre 1529 gewesen sein, womit auch die Jahreszahl des Bildes 1529 übereinstimmt.

Ein anderer Gedanke spricht aus den vielen Bildern, wo der Tod einem Weibe alleine, ihr gleichsam als Liebhaber nahend, das Lebensende anzeigt. Immer sind die Weiber jung, meisst ganz oder theilweise entblösst. Einerseits ist in diesen Bildern ausgedrückt, dass auch Jugend und Schönheit vor dem Tode nicht sichern, andererseits aber wohl auch die Nichtigkeit der Eitelkeit und Selbstgefälligkeit ausgedrückt.

Wir finden diese Darstellung bei Dürer (B. 92). Der Tod, nicht als Gerippe, sondern mumienhaft gebildet, reisst ein junges sitzendes Mädchen an sich. Niclaus Manuel benützte diesen Vorwurf sogar als Gemälde, auf der Rückseite des im Baseler Museum befindlichen Bildes „*Bathseba im Bade*“. Vor den Säulen einer Renaissance Architectur steht ein Mädchen, welchem als höchst unwillkommener Freier der Tod in zerlumpter Landsknechtstracht naht, sie am Kleide und um den Hals fasst und küsst. Der oben ausgesprochene Gedanke wird hier noch deut-

---

[1] „Die deutschen Kleinmeister des 16. Jahrhunderts“ in den Mittheilungen des k. k. österreichischen Museums 1887, S. 360.

licher gemacht, durch den auf einer Säule stehenden Amor, der sich ersticht.

Mit anderen Mitteln sagt H. S. Beham dasselbe in zwei Stichen (B. 148 und 149). Zuerst sehen wir eine junge Frau, neben der ein Mann in Narrentracht steht und sie umarmt. Dann aber finden wir ganz die gleiche Handlung wieder, nur blickt statt des lebenden Gesichtes ein Todtenkopf aus der Narrenkappe; und um ja keinem Zweifel über die Bedeutung aufkommen zu lassen, besagt die Inschrift noch: „*Omnem in homine venustatem mors abolet*". (s. Tafel 14.)

Ein ander Mal stellte Beham ein nacktes Mädchen dar, welchem der geflügelte Tod von rückwärts naht, um es zu küssen (B. 150); oder er zeigt das Weib auf dem Bette liegend, der Tod tritt heran, hält die Sanduhr und ruft ihr zu: „*Die Stund ist aus*" (B. 146).

Daniel Hopfer stach ein Blatt (B. 52), darstellend eine junge Frau, der eine andere einen Spiegel vorhält. Hinter ihr aber steht der Tod und hält einen Todtenkopf so, dass sie ihn statt des Gesichtes im Spiegel erblicken muss.

Von Hans Lützelburger besitzt die Albertina eine von 1525 datirte Federzeichnung eines Mädchens, das mit abwehrend vorgehaltenen Armen dem Tode, der sich ihr nähert, zu entfliehen sucht. —

Die Bilder der Landsknechte, welche der Tod ja täglich in vielerlei Gestalt umgab, gaben natürlich auch oft Anlass zur Darstellung von Todtenbildern. Bei Urs Graf lauert der Tod den Landsknechten beim Gelage oder, wenn sie im Gespräche mit einander sind, auf. Schäufelein lässt ihn die Soldaten auf dem Marsche, gleich als sei er selbst Soldat, begleiten.

Der muthige und erprobte Krieger aber, der wohl schliesslich die Nothwendigkeit des Todes eingesehen und ihm so oft standhaft in das Auge geblickt hat, kennt die feige Furcht vor Tod und Teufel nicht. Dieser Gedanke mag, als Gegengewicht zu allen früher erwähnten Todesbildern, den Tod nun einmal selbst ironisirend, Albrecht Dürer vorgeschwebt haben, als er seinen herrlichen Stich „*Ritter, Tod und Teufel*" schuf.

Versöhnend zeigt Jost Amman den Tod. Einmal naht dieser einem erstaunt aufblickenden Kranken, der in einem mit Polstern bedeckten Stuhle sitzt; das andere Mal einem alten gebrechlichen Manne, der ihn gar nicht weiter beachtet, weil er ihm keinen Schrecken mehr einflössen kann.

Aber auch den erschreckenden, fürchterlichen Tod bringt Amman. Ein Gerippe überrascht mit der Sense ein nacktes junges Paar; Amor sieht hier seine Mühe vergebens und fliegt davon.

Auf die mannigfaltigste Art wurde, wie wir sahen, der Tod im 16. Jahrhundert aufgefasst; als das einfache Schreckensgespenst das jeden Menschen in allen Lebenslagen bedroht, als Rächer und Strafer, als Erlöser. Dem Humor in diesen Darstellungen ist sehr oft eine beissende Ironie beigemengt. Besonders den allzu Lebenslustigen wird er gerne als ernster Mahner vor Augen gehalten.

Gerade in diesen Todesbildern liegt eine starke Charakteristik der Zeit, welche einerseits einen derben Humor, stark mit Satyre versetzt, in allen Lebensäusserungen zeigte, andererseits beständig von diesem Leben auf das andere hinwies.

Im nächsten Jahrhundert schwinden diese Todesbilder fast ganz und machen einer anderen Auffassung, die auf dasselbe Ziel hinweist, Platz. Ich meine die vielen mit dem Namen „Vanitas" bezeichneten Bilder, die unter den Sinnbildern von Todtenschädeln oder leicht zerbrechlichen und zerbrochenen Geräthen, die Aufmerksamkeit auf die Vergänglichkeit alles Irdischen hinweisen sollen.

Bilder aus dem Bauernleben und dem Leben des niederen Stadtvolkes.

Aber die satyrischen und ironischen Bilder geisselten nicht nur, wie die bis jetzt besprochenen Darstellungen, allgemeine Schäden der Zeit. Auch aus persönlichen Gründen wurde die Satyre in den Dienst der Kunst gestellt.

Ich habe schon vorhin erwähnt, mit welch' übermüthigem Hohne und einem gewissen Hoheitsgefühl die reicheren und daher auch gebildeteren Städter auf das Landvolk und auch auf das niedere Volk in den Städten herabsahen. Wir sahen schon, dass die Künstler bei Darstellungen von fröhlichen Unterhaltungen der Vornehmen, diese, selbst wenn sie offenbar als Liebespaare gekennzeichnet sind, doch immer sich gemessen und ehrbar betragen lassen. Es ist ja richtig, dass bei öffentlichen Gelegenheiten in den Städten sehr auf ein wohlgesittetes Benehmen gesehen wurde, aber einerseits sind die Bauernbilder offenbar zum grossen Theile absichtlich carricirt, andererseits mag es in den Städten auch nicht immer aufs Ehrbarste zugegangen sein; was uns nicht nur die Gerichts-Protokolle in den Archiven, in denen es von Raufereien und Sittlichkeitsvergehen wimmelt, sondern auch die Literatur und manche Bilder allgemeinen satyrischen Inhaltes lehren.

Auch diese Bilder sind wieder von der Volksliteratur des 15. Jahrhunderts beeinflusst. In den Fastnachtspielen und Schwänken wurden sehr gerne Bauern aufgeführt, die sich dann täppisch benahmen. Ueber derlei Gedichte und Erzählungen schreibt Goedecke:[1]

„Die heiteren schliessen sich mitunter an ältere Gedichte und geben dieselben in verkürzter Form. Sie halten es nicht mehr für nöthig, den zum Theil unsittlichen Stoffen das feinere Gewand zu geben, sagen vielmehr ohne Scheu frech und dreist heraus, was die Sitte zu verschweigen Grund hat. Die beliebte Form ihrer Darstellung des Bauernlebens in seiner plumpen Roheit, zeigt ein so übermüthiges Herabsehen des Bürgerstandes auf den Bauernstand, bei dem in diesen Bildern alles, was geschieht, so roh und grob erscheint, alles verhöhnt und dem wiehernden Gelächter der vermeintlich gebildeten Städter blos gestellt wird, dass die Ereignisse der Bauernkriege nicht befremden können."

Die Bauernfeste wurden ein sehr beliebter Vorwurf für Holzschnitt und Kupferstich; ähnlich wie später in den Niederlanden Teniers, Brower und Ostade sich solche Gelegenheiten mit Vorliebe für Oelgemälde erwählten.

Auch für die Kulturhistoriker sind solche Darstellungen von grossem Werthe, denn das ganze Leben und Treiben wird oft in solchen Werken mit weitestgehender Natürlichkeit dargestellt.

Hans Sebald Beham fertigte 1535 einen Holzschnitt, der ein solches Volksfest höchst anschaulich zeigt. (Aumüller Nr. 245. B. 168.) Der Ort, wo dieses Fest stattfindet, ist ein von Häusern und Hütten eines Dorfes umgebener freier Platz. Auf diesem erblickt man Marktschreier, die ihre Schundware mit grossem Ge-

[1] A. O. I. 297. § 88.

schrei anzupreisen und an den Mann zu bringen wissen, tanzende und zechende Bauern. Doch bleibt es nicht bei diesen unschuldigen Freuden allein; auch die Folgen der Unmässigkeit sind zur Anschauung gebracht. Der eine muss, zur Strafe, dass er den Getränken zu stark zugesprochen, der Natur ein Opfer bringen; andere haben sich beim Weine erhitzt und sind in eine blutige Prügelei gerathen.

Hans Sachsens Gedicht von der „*Kirchweih zu Mögelndorf*“ gab demselben Künstler Anlass, diese in einem grossen Holzschnitte (von 6 Stöcken) mit Gastmahl, Musik und Tanz darzustellen. (s. Tafel 15.)

Das Gedicht Sachsens ist überschrieben:

„*Der pawren tanz, versammelt aus mancherley Dörffern*“

und beginnt

„Eins tags ich auff ein kirchweih kam
Gehn Megeldorff, da ich vernam
Inn einem grossen wirtes-hauss
Die pawren leben in dem sauss“.

Sachs zählt dann die Speisen auf und erzählt weiter:

„Der Wein wird also knollet trunken,
Jr viel undter die penck hin suncken,
Sich hub ein gross gröltzen und speyen,
Ein kallen, juchtzen, singen und schreyen“.

Dann kommen zwei Pfeifer, die Mädchen laufen zu, der Tanz beginnt. Alle Paare werden mit Angabe des Namens und Wohnortes aus der Nähe Nürnbergs aufgezählt. Bald aber giebt es Eifersucht; Hans Sachs, eine Prügelei voraussehend, schliesst mit folgenden Worten:

„Ich dacht es wird int lang nit feln,
Sie werden an einander streln
Und wird ein grosses schlahen drauss.
Ich macht mich auff und gieng nach hauss,
Wann ich besorgt da ungemachs
Auff der pawern-kirchweih, spricht Hans Sachs“.

Noch derber schildert Sachs eine ländliche Kirchweih in einem Schwanke, der wie folgt beginnt:

„Wer lust zu gewinnen hat ein krantz
Füg sich zu diesem nasen-dantz“.

Der Dichter kommt auf die Kirchweih zu Gümpelsbrunn, daselbst wird gezecht, Mägde spielen auf der Sackpfeife, Knechte führen verschiedene Spiele auf. Da er fürchtet, es könne leicht zu Schlägereien kommen, geht er fort und kommt auf die Kegelbahn; auch von hier entfernt er sich bald und gelangt auf einen Platz, wo auf einer Stange ein Nasenfutter, ein Pruch und ein Kranz hängen.

Er fragt was dies bedeute:

„Da sagt man mir ein nasen-dantz
Würd auff dem plan noch diesen abend,
Die grösten drey nasen würn begabend,
Die gröste nas gewänn den krantz
Und würd König am nasen-dantz,
Die ander gewänn das masen-futter,
Die dritt die bruch. ."

Sachs glaubt auch etwas dabei gewinnen zu können, da kommen aber die Bauern mit ganz unförmlichen Nasen, deren Gestalten er in sechs Zeilen unbarmherzig, auf das Schrecklichste aufzählt. Wie er dies sieht, verzichtet er, sich mit zu bewerben, beschreibt noch, wie die mit solchen Begabten tanzen und sich gegenseitig an den Nasen fassen, und schliesst mit der freundlichen Aufforderung, ob sich nicht doch noch jemand um den Kranz bewerben wolle.

Nikolaus Meldemann (B. VIII. Pass. III. Nagler Mon. IV. Nr. 2471) hat dazu einen Holzschnitt (B. 1) geliefert, den er benannte:

„*Der Nassen tantz zu Gümpelsbrunn bis Sonntag*."

In der Mitte steht der Maibaum, an dem ein Schuh, Kranz und Mütze hängen. Mehrere Bauern mit grossen und missgestalteten Nasen tanzen herum. An einem Tische sieht man Musikanten und ein Zechgelage; an einer Verkaufstelle wird Porzellan feilgehalten. Weiter zurück sind eine Kegelbahn und mehrere mit Säbeln raufende Bauern zu sehen; dann folgt ein Dudelsackpfeifer und drei tanzende Paare. Das Blatt wird links von einem Dorfe abgeschlossen.

Sehr beliebt war auch die Sitte, in die Kalender zu den einzelnen Monaten Bilder zu setzen, welche in irgend einer Weise in Bezug zu den Monaten stehen. So wurden die Bilder des

Thierkreises, allegorische Figuren, die griechisch-römischen Götter, aber auch die Beschäftigung der Dorf- und Stadt-Bevölkerung in solchen Kalender-Bildern dargestellt.

Hans Sebald Beham kam gar auf den Einfall die Monate als tanzende Bauernpaare auftreten zu lassen (B. 154—160). Angeregt wurde dies wohl durch die seit dem Alterthume gebräuchlichen, bildlichen Ausdrücke, wie der Reigen der Stunden, der Reigen der Monate, womit die Flüchtigkeit und doch beständige Wiederkehr der Zeiten bezeichnet wurde. Aber Beham lässt eben nicht allegorische Figuren einen Reigentanz aufführen, sondern zeichnet zu jedem Monate ein tanzendes Paar, wobei der Mann in Beischriften den Namen des Monats trägt (s. Tafel 6).

Aber auch Vornamen sind beigeschrieben, wie folgt:

Fabianus Jenner, Mathias Hornung, Her Gregorius Mercz, Marcus April, Philipus Mei, Johannes Brachmon, Jacob Hewmon, Laurencius Augustmon, Egidius Herbstmon, Simon Weinmon, Martinus Wintermon und Nicolaus Cristmon. Alle diese Vornamen kommen auch wirklich als Heilige in den betreffenden Monaten vor, und mehrere von ihnen haben auch heute noch eine besondere charakteristische Bedeutung für ihren Monat; wie Johannes der Täufer für den Juni (24), Martin für den November (11) und Nicolaus für den Dezember (6).

Die Tänze dieser Paare sind sehr plump dargestellt, und alle tragen die Kleidung der Bauern, ein einziger, der März, erscheint in der Beischrift als Herr, und dieser hat auch ein vornehmes Kleid; was seinen Grund darin hat, dass der März seinen Namen von dem Kriegsgotte Mars trägt, der Krieg aber eine Kunst der Vornehmen war.

Im Dezember aber spielt Beham auf die zu Weihnachten bei den Bauern übliche Völlerei an, und so kommt es, dass sich Nicolaus Cristmon mitten während des Tanzes übergiebt.

Zu der ganzen Folge gehört noch ein Blatt am Schlusse, auf dem die zum Tanze nöthige Musik erscheint. Unter einem Baume stehen zwei Bauern, deren einer eine Oboë, der andere einen Dudelsack bläst; ein Bauernpaar tanzt nach links hin und eine Beischrift besagt:

„Die zwelf Monat sen gethon.
Wol auf gredt wir fons wider on.“

Solcher Tanzbilder finden sich unter den Werken H. S. Behams noch mehrere; so B. 166—185, wo zum Theile die tanzenden Bauern aus dem Kalender aber ohne Beischriften, andere von anderen Blättern, welche Scenen aus dem Bauernleben zeigen, wiederholt und einige neu dazu erfunden sind. Auf dem ersten Blatte sind zwei dicke Sackpfeifer, welche der ganzen Gesellschaft aufspielen, dargestellt.

Ein sehr ähnlicher Bauerntanz wurde von Altdorfer gestochen, (B. X 148, Nr. 12) und auch bei Dürer finden sich tanzende Bauern und Dudelsackpfeifer.

Um die Plumpheit bei derlei Festlichkeiten auszudrücken, greift Daniel Hopfner gar zur Carricatur. Die beiden übertrieben plump und mit scheusslichen Gesichtern gezeichneten Bauersleute nennt er in Ueberschriften „*Bolicana*“ und „*Markolfus*“ (B. VIII. Nr. 72.) Dies Bild geht auf ein altes Volksbuch nach einer lateinischen Erzählung, deren Quelle unbekannt ist, zurück.

Die Wechselreden zwischen König Salomo und Markolph waren im 15. Jahrhundert sehr beliebt. Auf Salomos weise Reden antwortet Markolph immer mit grosser Plumpheit. Als sich Salomo seiner Abkunft von den 12 Geschlechtern der Propheten rühmt, erzählt Markolph, er stamme von den 12 Geschlechtern der Rustiker, und seine Frau Policana von den 12 Geschlechtern der Lupikaner.[1] In der zweiten Hälfte des 15. Jahrhunderts wurde das Buch in vielen deutschen Städten gedruckt, und von dem Nürnberger Meistersänger Hans Folz (gest. 1515) giebt es ein Fastnachtspiel „*Von dem König Salomo und Markolffo*“.

Die Beischriften „*Markolph*“ und „*Policana*“ finden sich auch schon auf einem Stiche des 15. Jahrhunderts vom Meister **bxg** „*Der Narr und die Köchin*“, (Pass. II. 121 Nr. 27). Die Köchin, eine alte Frau, geht mit einem Kochtopfe nach rechts, neben ihr geht ein Laute spielender Mann in Narrentracht und reicht ihr den Mund zum Kusse. Von diesem Stiche trägt ein Abdruck in Oxford die Beischrift „*Markolfus und Policana seine Frau*“.

Ein anderer Stich von Hopfer (B. 74) führt ein Bauernfest vor. Die Bauern sitzen vor einem Hause beim Schmause, rechts

---

[1] Genaueres siehe bei Gödecke: „Grundzüge der Geschichte der deutschen Dichtung“ 1. S. 347.

in einem Garten tanzen andere. Einer hat des Guten schon zu viel gethan, es wird ihm übel, während ein anderer die Gelegenheit warnimmt, ihn zu schlagen. Dass aber beim Zechen die Frauen hinter den Männern nicht zurückgeblieben sind, zeigt eine Frau, der es ebenfalls nicht ganz wohl ist.

Ganz derb und plump moralisirenden Inhaltes ist eine andere Tanzdarstellung (B. 73), wo in der Mitte ein scheussliches altes Weib, mit zwei Kröpfen am Halse, steht, und mit der Rechten einen Weinkrug, mit der Linken eine Stange mit Würsten hält. Um sie herum tanzen sechs carricirte Gestalten mit Narrenschellen an den Gewändern.

Der Meister  aus der sächsischen Schule brachte auf zwölf Blättern (Pass. IV. Nr. 23) auch Bauerntänze. Zwei der Tanzenden mögen ihr Herz entdeckt haben, denn sie sind sich umarmend und küsssend dargestellt; doch auf einem anderen Blatte dieser Folge zeigt der Künstler, dass man auch bei der Unterhaltung Mass halten soll, an einem Manne, dem nach dem Schmause unwohl geworden. Seine Frau hält ihm wohl liebreich den Kopf, um ihm Erleichterung zu verschaffen, lässt es aber doch geschehen, dass sie unterdessen von einem anderen Manne geküsst wird.

Auch die übrigen Blätter sind recht derb gehalten, sowohl in den Bewegungen der Tanzenden, als dadurch, dass die Röcke der Frauen höher als nöthig bei der Bewegung flattern.

Harmlos fröhlich malte Hans Holbein der Jüngere ein ländliches Fest an der Façade des leider untergegangenen Hauses in Basel, das nach diesem Bilde „*Haus zum Tanz*" genannt wurde. Es sind uns sowohl Durchzeichnungen des Gemäldes im Museum zu Basel, als der Entwurf zu einem Theile davon im Berliner Kupferstich-Kabinet erhalten, wonach wir eine Vorstellung des Bildes uns machen können.

Auch in Miniaturen wurden solche Tänze gerne angebracht; unter anderen finden wir sie in einem Missale, das von 1530 an von Albrecht und Jörg Glockenton gemalt wurde.[1]

Sehr hübsch wusste Franz Brun eine Folge von zwölf Blättern, auf deren jedem er zwei tanzende Bauernpaare zeigt, einzu-

[1] Nürnberg. Stadt-Bibliothek. Sammlung Hertel Nr. 9.

leiten. (B. IX. 63—74). Auf dem ersten Blatte sitzen unter einem Baume zwei Musikanten, und ein Mann kommt daher, um ein Mädchen höflich grüssend zum Tanze aufzufordern.

Virgil Solis stellte in einem langen Streifen ein ländliches Fest dar. Im Freien vor einem Wirthshause spielen vier Musikanten auf, ihnen zunächst folgt der Tanzordner, dann fünf tanzende Paare; ein sechstes hat es sich an einem Tische bequem gemacht. (B. IX. Nr. 273.)

Wie beliebt aber lange Zeit derartige Tanzdarstellungen blieben, zeigt, dass Jost Amman in seinem 1578 gedruckten: „*Kunst und Lehrbüchlein für die anfahenden Jungen daraus reissen und Malen zu lernen, darinn allerley Art lustige und artliche Fürreissung etc.*“, in welchem er eine Menge allegorische, mythologische, ornamentale und andere Vorlagen giebt, es auch der Mühe werth gefunden hat, unter Nr. 97 so ein plump tanzendes Bauernpaar aufzunehmen.

Wir sehen aus diesen Beispielen, dass, wenn auch einige Künstler sich etwas milderer Formen bedienten, es schon durch die carricirte Plumpheit zumeist, oder fast immer auf eine Verhöhnung der Bauern abgesehen ist.

Doch auch das niedere Volk in der Stadt mit seiner ebenfalls oft rohen Art muss sich eine derartige Behandlung gefallen lassen.

Die Bilder aus dem Volksleben gehören mit zu dem Interessantesten, weil sie uns einen Spiegel jener Zeiten bieten.

Von harmlos, fröhlichen Mahlzeiten, einfachen Vorkommnissen auf der Strasse und am Markte, die wir bereits an anderer Stelle besprochen haben, bis zu den derbsten Obscönitäten erstreckt sich der Bereich, dessen die Künstler sich bemächtigen.

Hatten schon die Dichter des 15. Jahrhunderts sich vor keiner Unanständigkeit gescheut, so folgen ihnen nun die zeichnenden Künste getreulich nach; es scheint, als ob Alles, was mit den äusserlichen Mitteln der Kunst darzustellen möglich ist, auch schon darum als der Darstellung würdig gehalten worden wäre.

Freilich wird vieles in den damaligen Zeiten nicht so roh und viel natürlicher erschienen sein, als heutzutage, wo zwar die Gemeinheit auch nicht ausgestorben ist, aber unter einer stärkeren Tünche von äusserem Scheine der Anständigkeit verborgen wird.

Das muss man dem 15. und 16. Jahrhundert lassen, aufrichtiger und wahrer war die Zeit, als die unsrige.

Begreiflich werden diese Erscheinungen, wenn man einen Blick auf die Geschichte des 15. und 16. Jahrhunderts wirft. Die Einrichtungen des Mittelalters hatten sich überlebt, waren aber noch nicht ganz überwunden. Noch dauern die Fehden, welche die adeligen Burgherren gegen einander führten, fort; die mächtig gewordenen Städte thun es den Fürsten und Herren gleich; und die unfreien Bauern erheben sich des Oefteren, von den letzten Jahrzehnten des 15. Jahrhunderts an. Dadurch wurden sie aber eine Zeit lang eine Macht, mit der man rechnen musste; es folgen dann die Greuel der Bauernkriege. Da konnte sich eine gewisse Rohheit der Sitten leicht einschleichen.

Sittliche Schäden aber, die sich im Mittelalter entwickelt hatten, wurden offen aufgedeckt, in Streitschriften und Satyren behandelt, und lenkten dadurch die Aufmerksamkeit breiter Schichten auf sich.

In solchen Zeiten der Gährung, in denen das niedere Volk, das bis dahin noch gar keine Gelegenheit gehabt hatte, eine tiefere Bildung zu erhalten, nun selbst in die Geschicke einzugreifen beginnt, kann Derbheit der Sitten, oft bis zur Roheit gesteigert, nicht gerade Wunder nehmen.

Hans Sebald Beham, der wie sein Bruder Barthel, sich in anstössigen Bildern, mehr als andere, gefallen hat, zeigt das Volksleben besonders von der gemeinen Seite.

Das Treiben in den Badestuben giebt ihm willkommenen Anlass Nacktheiten, durchaus nicht auf die anständigste Art zu schildern, (Aumüller 261, B. 167, Rosenberg Nr, 271) und ähnlich verfährt er in der Darstellung einer Spinnstube (Aumüller 263, Pass. IV. 196). Auch in Miniaturen und bei Dürer finden sich Bilder von Badestuben, die naturgemäss nicht gerade einen sehr ästhetischen Eindruck machen, aber es zeigt sich in denselben doch nicht die Freude an der Unanständigkeit, wie bei den Behams.

Nach seinem Bruder Barthel hat H. S. Beham zwei Bade-Scenen copiert. Eine nackte Frau nimmt ein Fussbad und besieht sich dabei im Spiegel, (Barthel B. 36, H. S. B. 207), zwei nackte Kinder umspielen die Frau.

Auf dem anderen Blatte (Barthel B. 37. H, S. B. 208) sind drei Frauen im Bade zu sehen. Hier zeigt sich die Neigung der Behams zum Unpassenden ganz besonders.

Eine andere Darstellung eines Bades zeigt ein Blatt, das die Zeichen von Aldegrever und Virgil Solis aufweist. (B. VIII. 454, Nr. 9.) Alle Gebräuche beim Baden sind hier dargestellt; in einer Ecke wird sogar ein Mann rasirt und Kinder spielen überall um die Waschbecken und Badebottiche herum.

Wie in der Litteratur ungetreue Ehegatten mit Vorliebe verwendet wurden, um die Lachlust zu reizen, so lässt sich auch Beham derlei nicht entgehen. Solche höchst unfeine Darstellungen sind z. B. ein Blatt (B. 163), auf welchem ein küssendes Paar unter einem Baume sitzt, von einem Manne, der über den Zaun blickt, beobachtet. Dazu die Beischrift: „*Ich wil auch mit*".

Rechts davon ist noch eine Darstellung, die nur Freude am Gemeinen zeigt. Ferner ein Blatt (B. 175), auf dem eine Frau ihren ungetreuen Gatten mit einem Stocke prügeln will. Die Beischrift enthält die Worte, die sie ihm zuruft: „*Fin ich dich do*"

Prügeleien liefern auch den Stoff zu verschiedenen Kupferstichen. Einmal sind sechs Bauern in heftigen Streit gerathen; zwei liegen bereits am Boden, die anderen dringen mit Spiessen, Keulen und Schwertern auf sie ein (B. 162). Dies Blatt mag Beham zu einem Sprüchworte erfunden haben, denn er schrieb dazu: „*Haust du mich' so stich ich dich*".

Bei einer anderen, fast ganz gleichen Darstellung bringt er noch ein Weib an, das die Raufenden verzweifelt zu trennen bemüht ist. (B. 165 s Tafel 6.)

Auch dem Virgil Solis waren wilde Zechereien ein willkommener Vorwurf. Vier Betrunkene (B. 258) werden so recht in aller Vernunftlosigkeit des Rausches dargestellt, und ihnen zur Seite ein Schwein, gleichsam als Sinnbild abgebildet.

Ebenfalls sehr derb giebt Franz Brun solche Scenen wieder. Einmal (B. 75) sehen wir betrunkene Bauern am Boden liegen, zwei andere schöpfen Wein aus einem Bottiche, der eine trinkt gar gleich aus seinem Stiefel; auch hier fehlt das Schwein nicht.

Ein ander Mal (B. 76) werden zwei betrunkene Bauern von ihren Frauen überrascht, die gekommen sind, um ihnen mit dem Stocke Strafe angedeihen zu lassen.

Hans Sebald Beham zeichnete in sehr humoristischer Weise die ganze Entwickelung des Rausches indem er auf einem Blatte vier Scenen eines Zechgelages von Landsknechten darstellte, und immer ein der Scene entsprechendes Thier dabei anbrachte. So lange man nüchtern ist, ist man so sanft wie ein Lamm, wenn sich die Gemüther vom Wein erhitzen, wird man zum Bären, weiterhin kann man dem Schweine gleich werden und schliesslich wird man so kindisch wie ein Affe. (s. Tafel 16.)

Vom Ende des Jahrhunderts, aus dem Jahre 1588, stammt noch eine recht interessante Kupferstichfolge von Jost Amman; Zweikämpfe der Handwerker. (Andresen 119—129.)

Auf elf Blättern streiten je zwei Handwerkslehrlinge mit ihren Werkzeugen gegen einander.

Der Malerjunge kämpft mit dem Pinsel gegen den Goldschmiedlehrling, der sich mit der Feuerzange vertheidigt; der Schneider benützt ein Stück Tuch als Schild und die Scheere als Angriffswaffe, während sein Gegner der Kürschner mit einem Pelze und Klopfstock in den Kampf zieht; neben den beiden sind noch sehr bezeichnender Weise ein Ziegenbock und eine Katze sichtbar; der Tüncher vertheidigt sich mit einem grossen Anstreicherpinsel gegen einen Maler, der mit dem Malstocke auf ihn eindringt; Schmied und Goldschmied gehen mit Feuerzange und Blasebalg aufeinander los; ein Baumeister schwingt Meissel und Zirkel, der Bildhauer dagegen Meissel und Holzhammer. Sonst kommen noch vor zwei Bäcker, zwei Stallknechte mit Heugabeln, ein Barbier und ein Schmied, zwei Männer mit Dolchen und zwei mit Gewehren, und zwei Schulknaben.

Am interessantesten sind aber die fünf zuerst angeführten Kämpferpaare, denn sie sind in humoristischer Form ein Spiegel von Zeitereignissen, welche damals gerade dem Rathe zu Nürnberg ziemlich viel zu schaffen machten.

„*Freie Kunst*“ und „*Handwerk*“ standen sich im 16. Jahrhundert eifersüchtig und oft feindlich gegenüber. Zur Ausübung der „*freien Kunst*“ brauchte man kein Meisterstück, jeder konnte sie ausüben; sie hatte auch keine feste Ordnung, höchstens wurde von Fall zu Fall vom Rathe ein für den betreffenden Fall berechnetes Gesetz erlassen.

Das Handwerk dagegen hatte eine Ordnung, es wurden eine

bestimmte Lehrzeit, Gesellenzeit und Meisterstück verlangt. An der Spitze der Handwerkszunft standen die Vorgeher, welche auch zum Rathe entsandt wurden. Das waren grosse Vortheile gegenüber der freien Kunst, in der auch jeder Stümper ungehindert arbeiten durfte, und die keine politische Macht in der Stadt, wie die Handwerke, war. Daher war es das Streben derer, welche freie Künste ausübten, sich zu Zünften zu vereinigen, Handwerk zu werden.

In den meisten deutschen Städten waren darum schon bald die früheren freien Künste Handwerke geworden.

In Augsburg waren die Maler schon im 15. Jahrhundert zu einer Zunft vereinigt; in Strassburg sehen wir aus einer Urkunde in der auch Wächtlin genannt wird, dass 1516 auch von den Malern Meisterstücke verlangt wurden, sie also schon länger eine Zunft bildeten;[1] und so war es in den meisten Städten, nur in Nürnberg sah der patricische Rath immer scheel auf die Zünfte herab, da er das Eindringen der Zunftmeister in die Stadt-Regierung befürchtete. Daher suchte er, so lange als möglich, die Bildung von neuen Zünften zu verhindern, und die meisten Gewerbe als freie Künste zu erhalten.

Im Jahre 1511 (R. P. 1511 XIII. 8.) wird vom Rathe den Schreinern Ordnung und Meisterstück abgelehnt, mit der Begründung, dass ihr Gewerbe eine freie Kunst sei.

So waren in Nürnberg sehr viele Gewerbe bis tief in das 16. Jahrhundert hinein freie Künste.[2]

Natürlich wachten jene Handwerke, welche eine Zunft-Ordnung hatten, um so eifersüchtiger auf strenge Wahrung derselben, und so kam es zu häufigen Streiten, die vor dem Rathe ausgetragen wurden, aber auch oft vorher zu Raufereien geführt haben.

Die Grenzen der bestehenden Handwerke wurden sehr enge gezogen, wie, um ein Beispiel von sehr vielen zu bringen, aus einer Verordnung des Jahres 1500 (R. P. 1500. Quinta post

[1] Vergl. Lützow: Geschichte des deutschen Kupferstichs. S. 166. Anm. 3.

[2] Sehr ausführlich sind diese Verhältnisse und der allmählige Uebergang der freien Künste in Handwerke in verschiedenen Aufsätzen der «Bayerischen Gewerbe-Zeitung» 1890 und 1891 behandelt, unter dem Titel: «Handwerk und freie Kunst» von Stadt-Archivar Ernst Mummenhoff.

letare) hervorgeht: „*Dem Lindenast ist abgeleynt das er meysterstuck auff dem goldschmid Handwerk mach. Doch wie sein vater gearbeyt hat mag er auch arbeyten und handeln.*“ Und Sebastian Lindenast stand nicht nur als Rothschmied den Goldschmieden doch ziemlich nahe, sondern hat auch überdies seine über das gewöhnliche Handwerk hinausgehende Kunstfertigkeit an der berühmten Uhr mit dem Kaiser und den neun Kurfürsten an der Frauenkirche zu Nürnberg bewährt. Später scheint ihm die Aufnahme in die Goldschmiedezunft doch noch gewährt worden zu sein.

An ähnliche, öfter vorgekommene Fälle erinnnert Ammans Blatt mit dem kämpfenden Schmied und Goldschmied.

Doch auch die freien Künste suchten sich tapfer gegen fremde und ungelehrte Eindringlinge zu wahren und sie erreichten es des Oefteren beim Rathe, dass doch einzelne Missständen abhelfende Gesetze erlassen wurden.

1510 (R. P 1510. VII. 3. Sexta p. Mathey) wird erlassen: „*Zwischen den malern und pildschnitzern ains vnd den ledigen maler vnd schnitzer knechten anderstails soll man nochmal uff ein bequem mittel arbeiten sie zu vertragen*“. Es war also zwischen den alten Meistern und den ledigen Knechten zu Streitigkeiten gekommen.

Die Verheirathung war überhaupt bei der Errichtung einer Werkstätte von grosser Wichtigkeit.

Die Maler hatten lange zu kämpfen ehe sie eine Ordnung erhielten. 1564 setzten sie im Mai zwar kein Gesetz durch, erhielten aber doch ein Zugeständniss betreffs der Einwanderung fremder, lediger Maler. Im Oktober werden sie aber schon wieder etwas beschränkt.

Ich setze die Urkunden, die für diese Streitigkeiten recht interessant sind, noch hierher.

(R. P. 1564, II 8. Montag 8. May.)

„*Der Flach Maler supplication von wegen der frembden Malergesellen sol man Bedenken lassen.*“

(R. P. 1564, II 29. Mittwochs 24. May.)

„*Den supplicierenden Flachmalern ir begern ablaynen, und der Rugshern Ratschlag nach Jnen sagen, wann sie einen ledigen malergesellen der nicht Bürger hie zu Werd und Gostenhof wissen, der eignen Rauch halte, denselben mit Rug für zu nemen.*“

Dagegen wird im Herbste verordnet: (R. P. 1564. VII 17. Erichtags 3. Oktobris).

„Den Flachmalern Ir supplicierend begern den ledigen malergesellen abzuschaffen keinen Burger hie noch für sich selbsten zu arbeiten nochmals ableinen, und es bei jüngstem bescheide pleiben lassen. Jnen auch sagen meine Herren mit dergleichen supplicationen weiter nit zu beschweren.“

Erst 1596 setzten die Maler es durch, dass der Rath *„Der Flach- und Etzmaler Ordnung“* erliess und Meisterstück gewährte.[1]

Aus dem Mitgetheilten erhellt, wie lange gerade in Nürnberg solche Kämpfe und Streite dauerten, es kann daher nicht Wunder nehmen, wenn ein Nürnberger Künstler noch 1588 dies zu humoristischen Darstellungen benützte; und die Auswahl der Handwerker bei Amman: Maler, Tüncher; Bildhauer, Baumeister; Schmied und Goldschmied; Schneider und Kürschner, ist gerade sehr bezeichnend. In den anderen Blättern, wie die Stallknechte und Bäcker u. s. w., hat der Künstler wohl blos an gewöhnliche Balgereien, wie sie täglich vorkamen gedacht.

In einem Buche, das 1568 zu Frankfurt gedruckt wurde, bringt Amman nur einfach, ohne Humor die verschiedenen Künstler und Handwerker zur Anschauung. Culturgeschichtlich sind diese Blätter aber recht interessant, da sie sowohl die einzelnen Werkzeuge, als ihre Verwendung zu jenen Zeiten genau zeigen.[2]

Die Thierbilder.

Schon früher, auf Seite 33, erwähnte ich das Eindringen der Thierdarstellung in die bildende Kunst, als von der alten Volksliteratur beeinflusst. Mag auch dieser Literatur eine satyrische Tendenz von Anfang an nicht innegewohnt haben, so ist es doch klar, dass sich diese nach und nach auch in Literatur und Kunst eingeschlichen hat. Denn es lag doch sehr nahe die charakteristischen Eigenschaften der Thiere in der Erzählung auszubeuten,

---

[1] In der schon in der Einleitung erwähnten Handwerksordnung. Fol. 470ff. Eine Abschrift davon, von 1626, mit einigen neuen Gesetzen befindet sich im Stadt-Archive zu Nürnberg.

[2] Die Wiener Hof-Bibliothek besitzt ein vollständiges Exemplar (II. 146.)

um damit bestimmte Menschenklassen mit ähnlichen Eigenschaften zu kennzeichnen.

Schon der „*Reineke Fuchs*" ist nicht mehr ganz frei von satyrischen Anspielungen; und in der Malerei wird gerade der Fuchs mit Vorliebe verwendet, um als Sinnbild von verschlagenen und ränkesüchtigen Menschen zu dienen.

Ein schon in den Miniaturen öfters vorkommender, der Thierfabel entnommener Vorwurf, ist der Fuchs, der anderen Thieren auf einem Musik-Instrument vorspielt, oder ihnen eine Predigt hält.

Wir finden diese Darstellung in dem Glockenton-Missale (Fol. 174)[1] wo zwei Füchse im Walde Hühnern und Gänsen eine Messe lesen. Im ersten Bande eines Choral-Buches in St. Lorenz zu Nürnberg sind auf Fol. 186 ein Fuchs und ein Wolf zu sehen, welche Gänsen singen lehren.[2]

Es wurden zwar oft auch andere Thiere, besonders Bären, auf dem Dudelsack oder der Flöte spielend dargestellt, aber dann ist wohl zumeist eine komische und nicht wie bei dem Fuchse eine satyrische Absicht darunter zu vermuthen. (vergl. Tafel 5.)

Aus der Sage von Reineke und sonstigen ihr verwandten Fabeln werden auch noch andere Züge gerne benützt.

Auf Fol. 276 des Glockenton Missale führt der Fuchs Gänse in einem Boote über einen Fluss. Dieses Mal aber gelingen ihm seine Ränke nicht; wir sehen auch, wie er von den Gänsen zu einem Baume geführt und dann von ihnen erhängt wird.

In einem anderen von Hans Imhof 1522 geschriebenen, von A. Glockenton gemalten Erbauungsbuche[3] werden ein Fuchs und ein Kater von Affen an einem Baume erhängt. (Fol. 77.)

Diese Darstellungen aus den Miniaturen wiederholen sich auch

---

1 In der Stadt-Bibliothek zu Nürnberg.

2 Der erste Band dieses Choralbuches wurde 1507 gemalt. der zweite 1510. Schon Lochner schreibt das Buch dem Jakob Elsner zu. Der zweite Band ist, wiewohl im ganzen Buche kein Künstler genannt wird, wohl sicher von Elsner gemalt; da er in Zeichnung und Composition völlig mit dem Missale in dem Besitze des Freiherrn von Kress. das nach der Inschrift Fol. 99 im Jahre 1513 von Elsner gemalt wurde, übereinstimmt. Der erste Band zeigt eine sehr verwandte aber etwas ungeschicktere Hand.

3 Nürnberg. Stadt-Bibliothek. M. S. Centurie V. 76.

im Kupferstiche und Holzschnitte im ganzen 16. Jahrhunderte und werden besonders gerne zu Seiteneinfassungen, Titelblättern und dergleichen verwendet. Beispiele ähnlicher Art liessen sich noch viele anführen.

Dem Balthasar Jenichen müssen Wölfe zu einer satyrischen Darstellung dienen. Er zeigt zwei aufrecht schreitende Wölfe (Pass. IV. No. 81). Gemeinsam tragen sie eine Stange, an der ein Häschen hängt. Der vordere ist mit einem Säbel bewaffnet und hält eine Gans und eine Stange, an der neben einer Wurst eine gebratene Gans hängt; der andere hat am Rücken einen Korb mit Gänsen.

Ueber dem Bilde steht:

„Wir Wölf gehen da unverholn
haben gar geraubt und gestoln.“

Eine Mahnung an die Schwachen, den Mächtigen keine Vorschriften zu machen, enthält ein Holzschnitt „die Hasen den Löwen predigend.“ Zum Danke für ihr kühnes Unterfangen werden die Hasen von den Löwen gefressen. (s. Tafel 17.)

Wie andere Thiere, z. B. das Schwein sinnbildlich in Bildern aus dem Volsleben mit verwendet wurden, haben wir schon früher gesehen.

III. Die komischen Bilder.

Schon viele von den satyrischen Bildern sollten einen lächerlichen Eindruck hervorrufen, da es ja doch Zweck der Satyre ist, sich über den Gegner lustig zu machen. Daher könnte manches von den in den früher behandelten Abschnitten erwähnten Bildern hier wieder angeführt werden. Aber in diesen Werken ist doch immer ein anderer Zweck verfolgt, während in dem komischen Bilde die lächerliche Wirkung für sich Selbstzweck sein soll.

Naturgemäss ist nun dieses Gebiet ein viel kleineres und beschränkteres als die beiden vorher behandelten, da der Künstler doch nur selten ein Werk nur darum schafft, um seiner tollen Laune die Zügel schiessen zu lassen.

Den meisten Raum für solche Scherze boten das Thierbild und das Ornament.

Leicht wird eine komische Wirkung erzielt, indem Wirkung und Ursache, oder Subject und Object vertauscht werden, so dass dadurch gleichsam eine verkehrte Welt der Einbildung vorgeführt wird. Dies ist nun im Thierbilde leicht möglich, wenn die Thiere an Stelle der Menschen und diese an Stelle der Thiere gesetzt werden.

Daher war in Literatur und Kunst, um ein Beispiel zu nennen, ein sehr beliebter Vorwurf, wie die Hasen den Jäger und seine Hunde verfolgen und braten. Hans Sachs dichtete den „*Schwank, die hasen fangen und braten den jeger*“

Wir finden diese Scene in dem, oben schon erwähnten Missale, das von Albrecht und Jörg Glockenton ausgemalt wurde. (Fol. 76). Zwei Hasen braten einen Jäger am Spiesse, ein anderer Hase erhängt einen Jäger an einem Baume, und wieder einer sitzt oben am Baume, ist mit einem Spiesse bewaffnet und blässt ein Jagdhorn.

In dem Verzeichnisse der Bilder, welche Lucas Cranach in Verwahrung hatte und später auf Wunsch des Kurfürsten nach Antwerpen schickte, kommt auch vor: „*Eine Tuch, da die hasen die Jeger fahen und braten*“.[1]

Ob dieses Bild von Cranach oder einem anderen Meister gemalt war, weiss ich nicht, denn in diesem Verzeichnisse kommt auch die Marter der Zehntausend von Dürer vor. (Jetzt in Wien.)

Virgil Solis lässt die Hunde von den Hasen in Töpfen gekocht werden, während ein Jäger am Spiesse über dem Feuer brät. (B. 271.) Dazu gehören vier Zeilen Verse:

„Unns Hasen ist ein schanntz gerathen
Das wir jetzt Hund und Jeger braten.
Die unns finngen, schunden und asen
Die zal wir jetzt auch solcher masen.“

Hieher gehört auch ein Jagdstück von demselben Künstler, mit der Beischrift „*Alle ding verkehrt sich*“ Jäger und Hunde werden von zwei Hirschen verfolgt. Zwei Jäger sind bei der wilden Flucht gestürzt.

---

[1] Schuchardt a. a. O. I. 193.

Unter den Werken Holbeins finden wir zwei Bären, die mit Hellebarden einen Zweikampf ausführen, während ein dritter als Schiedsrichter zusieht; oder auch drei Bären, die wie Kinder mit Reifen spielen. Zwei führen ihre Reifen vor sich her, der dritte schlägt mit dem Reif einen Purzelbaum.

Hier muss ich auch noch einmal auf das S. 35 erwähnte Kartenspiel von Virgil Solis hinweisen, wo statt der eigentlichen Kartenfiguren Thiere in den übermüthigsten Spielen und Stellungen gezeigt werden.

Im Ornamente war, wie wir bereits in der Einleitung sahen, der Humor schon in sehr alten Zeiten vertreten. Gar manches, was im 16. Jahrhundert als selbständiges Darstellungs-Gebiet auftritt, findet sich hier bereits Jahrhunderte früher angebahnt.

All' dies blieb natürlich auch im Ornamente des 16. Jahrhunderts bestehen und neue Züge kommen dazu.

Nur die Form des Blatt-Ornamentes machte die Styl-Wandlung von der Gothik zur Renaissance mit; aber gemeinsam blieb die Anbringung humoristischer, figuraler Elemente in den freibleibenden Feldern oder Windungen des Rankenwerkes. Die Seiteneinfassungen der Miniatur-Handschriften bleiben noch, wenigstens in der ersten Hälfte des 16. Jahrhunderts, bestehen. Wir finden hier ironisirende Darstellungen und solche aus dem täglichen Leben; Thierstücke und Kinderbilder. Und dass solche Scenen an diesen Orten, wo sie doch keinem anderen Zwecke, als dem augenblicklichen Vergnügen zu dienen hatten, angebracht wurden, spricht wohl genügend für den humoristisch-komischen Sinn ihrer Urheber.

Einige Beispiele, die wohl genügen, um die Richtung im Grossen zu kennzeichnen, wurden schon an verschiedenen Stellen erwähnt.

Neben den gemalten Bücherverzierungen finden wir jetzt auch, vielleicht durch den Kupferstich mit beeinflusst, die Federzeichnung zu Randleisten verwendet. Ihrem Inhalte nach ist sie aber den gemalten Seiteneinfassungen ganz ähnlich.

Doch nicht nur gemalt oder gezeichnet wurden jetzt solche Werke zur Ausschmückung der Bücher; auch die gedruckten Werke sollten ihre künstlerische und ornamentale Ausschmückung erhalten.

Viele hervorragende Künstler, unter diesen ganz besonders Hans Holbein, zeichneten für den Holzschnitt Titelblätter und Randleisten, welche von den Buchdruckern in vielen Büchern benützt wurden.

Wurden früher sehr oft die Anfangsbuchstaben verziert, so geschah dies nun ebenfalls im Drucke; ausserdem liessen sich die Buchdrucker besondere Zeichen, sogenannte Signete, von Künstlern anfertigen, damit man daran schon den Druckort der Werke erkennen konnte, und das Kunsthandwerk, besonders die Vorlagen für Goldschmiede liessen auch viele neue Formen im Ornament-Stiche entstehen.

Natürlich können wir in dieser Art des künstlerischen Schaffens nicht neue Stoffe der Darstellung erwarten.

Alle erwähnten Gebiete kehren hier wieder. Ein Unterschied besteht nur in der Art und Weise, wie sie im Ornamente angebracht werden.

Oefters findet man im Rankenwerk kletternd, einzelne Figuren von Menschen, Thieren und phantastischen Gestalten angebracht. Häufig erscheint eine humoristische Scene irgend eines Gebietes zwischen Ornament-Streifen auf besonderen Streifen dargestellt; einzelne Beispiele habe ich an den betreffenden Stellen schon erwähnt. In den Titelblättern wird das Ornament oft fast ganz verdrängt, indem hier der ganze Rand in vier Streifen dazu benützt wurde, um einzelne Scenen in einfacher Linien-Umrahmung anzubringen.[1]

Einen besonderen Platz nehmen die Initialen mit figuralen Darstellungen ein.

Der Gedanke die oft grossen Räumen in den Anfangsbuchstaben mit biblischen Scenen, Thierbildern, Landschaften u. a. auszufüllen, ist nicht neu, sondern findet sich auch schon in der Miniatur-Malerei.

Hollbeins Todten-Alphabet wurde schon besprochen; ausser diesem finden sich aber von demselben Künstler noch einige

---

[1] Eine chronologisch und nach Druckorten geordnete Uebersicht über diese verschiedenen Formen bringt das Tafelwerk von Butsch: «Die Bücher-Ornamentik».
Vergl. auch Muther: Bücher-Illustrationen.

Alphabete mit spielenden Kindern, oder mit Bauerntänzen. Auch einige griechische Buchstaben wurden von Holbein in dieser Art verziert. In dem einen Kinder-Alphabete werden die Beschäftigungen verschiedener Berufe, des Schmiedes, Fischers, Gerbers u. a. von Kindern parodirt; auch ein Knabe, der eine Kanone ladet, kommt darin schon vor. All dies sind ebenfalls wieder komische Züge. Bei Johann von Calcar[1] finden wir sogar in einem Alphabete Kinder, welche an Thieren anatomische Studien ausüben. Jost Amman fertigte drei Alphabete, eines mit biblischen, eines mit mythologischen Bildern und eines mit Satyr-Tänzen.

Von Peter Flötner ist gar ein Alphabet erhalten, in dem die Balken der Buchstaben von menschlichen Körpern in allen möglichen Verrenkungen gebildet werden, (B. 3), und dasselbe Alphabet zeichnete Jost Amman noch einmal, setzte aber alle Buchstaben in Kartuschen. (Andresen 141).

In den Vorlagen für das Kunstgewerbe, also für Pokale, kupferne Geräthe, Harnischtheile und Dolchscheiden, sind zumeist nur einzelne Figuren, von Thieren oder Menschen in Ranken-Ornamenten angebracht; oft auch mit einem humoristischen Zuge, wenn z. B. Thiere in einzelnen menschlichen Beschäftigungen verwendet werden. Eine komische Wirkung bezweckte auch Stephan Hamer bei seinen S. 51 erwähnten absichtlichen Verzeichnungen.

Schlussbemerkung.

Wir sahen also im 16. Jahrhundert eine grosse Fülle neuer künstlerischer Anregungen entstehen.

Alle Gebiete, deren sich die Malerei bemächtigen kann, sind damals bereits, wenigstens im Kupferstich und Holzschnitte, anzutreffen.

Bezeichnend ist der Umstand, dass alle dargestellten Gegenstände humoristischen Inhaltes in der Volks-Literatur entweder

[1] Butsch a. a. O. II No. 82 u. 83.

schon früher auftauchen, und dann in die bildende Kunst übergehen, oder zumindest gleichzeitig darin erscheinen.

Der Vorstellungskreis der Volkskunst war also für die Literatur und für die zeichnenden Künste derselbe. Leider blieb dies aber nicht so.

Die Maler suchten schon zu Ende des 16. Jahrhunderts ihre Vorbilder in Italien, und gingen in fremder Manier unerfreuliche Bahnen; und das 17. Jahrhundert mit seinem dreissigjährigen Kriege liess überhaupt durch lange Zeit in Deutschland keine eigentliche, grosse Kunstübung aufkommen. Als dann ruhigere Zeiten wiederkehrten, waren mit der Barock-Kunst andere Aufgaben für die Künstler entstanden; die Malerei wurde zu einem grossen Theile Dienerin der Architektur.

Die Literatur aber wandte sich für lange Zeit der trocken lehrhaften Richtung zu, oder artete in Nachahmung des Fremden und in oft sinnlose Wortspielereien aus.

Die erste Hälfte des 16. Jahrhunderts hat uns aber doch eine reiche Fülle herrlicher Denkmäler hinterlassen, und von ihr gilt das Wort eines Schriftstellers, der zu den damaligen Zeiten lebte, nämlich Sebastian Franks, das aber leider in späteren, ungünstigeren Zeiten öfters wieder vergessen wurde:

„*Wo die Teutschen ihren eigenen Reichtum wüssten und sich selbst verstünden, was sie im Wappen führeten: sie würden keinem Volke weichen.*“

Künstlerverzeichniss.

Berichtigung: S. 41 Z. 20 v. o. lies (B. 6) statt (B. 5.)

Tafel I.

DÜRER HEILIGE FAMILIE. HOLZSCHNITT. (S. 20.).

Tafel II.

LUCAS CRANACH. RUHE AUF DER FLUCHT. HOLZSCHNITT. (S. 21.)

Tafel III.

ALDEGREVER. HOCHZEITSTÄNZE. KUPFERSTICHE. (S. 25.)

VIRGIL. SOLIS. GAUCKLER. (S. 29.)

H. S. BEHAM. MARKTLEUTE. KUPFERSTICHE. (S. 26.)

Et qa sors nobis tribuit spolia inclyta ab auro,
Parte dicata tibi, parte dicata mihi,.
Alea nos doceat, cui cedant omnia, quid si
Perdidero: veniunt ut bona, sic pereunt.

Weil vns das gluck ein Beute reich
Bescheret hat/ so wir fein gleich
Solln mit einander theilen/. zwar
Wer diß mein meynung gantz vnd gar/
Wir spielten mit zwey Würffeln drein/
Wer es solt haben gar allein.
Wenn ichs verspiel/ was leyt daran?
Leicht vberkommen/ leicht verthan. D

JOST AMMAN. AUS DEM SPIELKARTENBUCH. (S. 33.)

Tafel V

MEISTER HL. PUTTEN MIT DER ERBSENSCHOTE. KUPFERSTICH. (S. 42.)

MONOGRAMMIST CG. KUPFERSTICH. (S. 36 u. 83.)

Tafel VI.

H. S. BEHAM. BAUERNGELAGE. KUPFERSTICH. (S. 29.)

H. S. BEHAM. DIE MONATE. KUPFERSTICH (S. 73.)

H. S. BEHAM. BAUERNSCHLÄGEREI. KUPFERSTICH. (S. 78.)

Tafel VII.

Vt ruit in Venerem præceps genus omne fera-
Naturæ ductum quæq; secuta suæ. (rum,
Sic quoq;, cũ vicijs submergit adultera lumbos,
Ex quovis quasuis flumine potat aquas.

Gleich wie ein vnuernünfftig Thier/
Seins Bulen schönheit oder zier
Gar nicht thut achten/ sondern sich/
Eim jedem macht vnterthänig.
Also auch ein ehbrechrisch Weib/
Ihren geraden stoltzen leib/
Wie dise Figur zeyget an/
Offt eim Narren macht vnterthan. C ij

JOST AMMAN. AUS DEM SPIELKARTENBUCH. (S. 53.)

Tafel VIII.

JOST AMMAN, AUS DEM KUNSTBÜCHLEIN. (S. 53.)

Tafel IX.

HOLZSCHNITT EINES UNBEKANNTEN KÜNSTLERS. (S. 53.)

Tafel X.

Defeſſam ſtudijs recreo dum carmine mentem,
Spernitur à ſtolido Muſica noſtra viro.
Muſarum quiſquis blandas contempſerit artes,
Turpis ut eſt, ſic & nil rationis habet.

Weil ich mein hertz/ welchs ohne zill
Von arbeit mat/ ergetzen will
Mit meim Geſang/ werd ich/ hab acht
Zu ruck von eim Narren verlacht.
Wer da verſpott der Muſic gſang/
Der bleibt ein Narr ſein lebenlang.

G ij

JOST AMMAN. AUS DEM SPIELKARTENBUCH. (S. 53.)

Tafel XI.

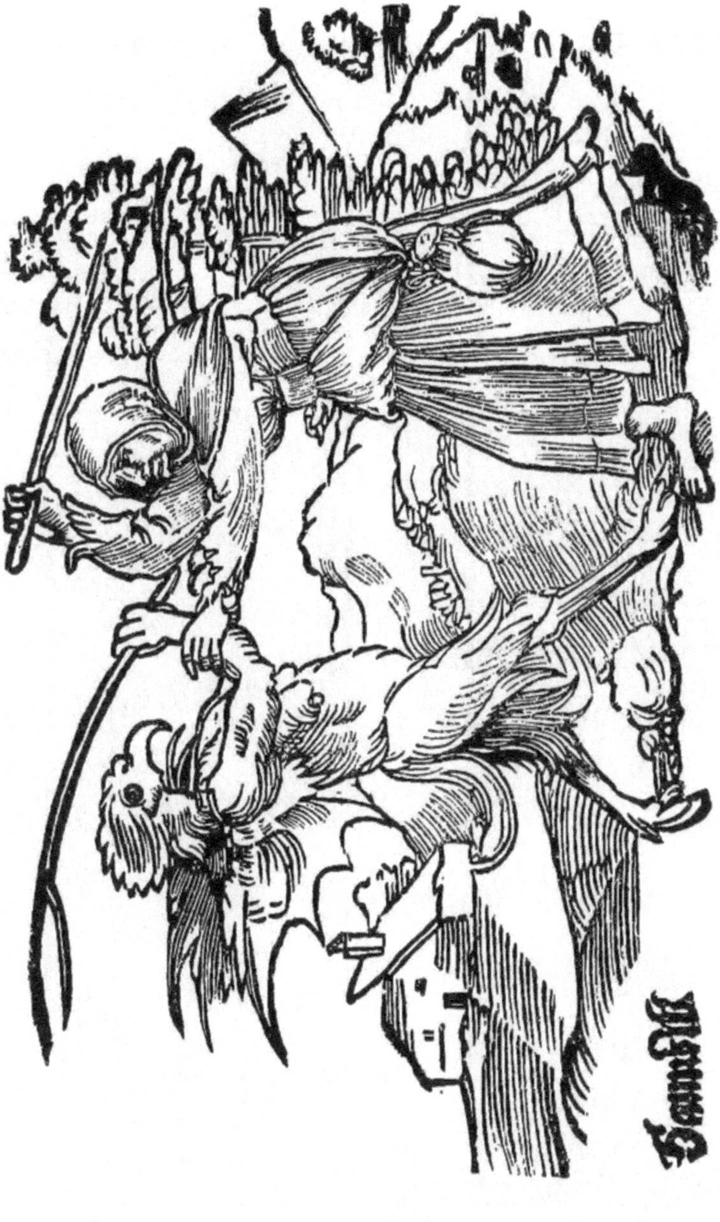

W (WEIGE ?) HOLZSCHNITT (S. 52.)

Tafel XII.

GULDENMUNDT. «DER ARGEN WELT THUT NIEMAND RECHT.» HOLZSCHNITT. (S. 56.)

Tafel XIII.

JOST AMMAN, AUS DEM KUNSTBÜCHLEIN. (S. 58.)

Tafel XIV

S. BEHAM. KUPFERSTICH. (S. 68.)

ALDEGREVER. AUS DEM TODTENTANZ. (S. 65.)

Tafel XV

H. S. BEHAM. HOCHZEIT ZU MÖGELNDORF. (BRUCHSTÜCK.) HOLZSCHNITT. (S. 71.)

Tafel XVI.

H. S. BEHAM. ZECHGELAGE. HOLZSCHNITT. (S. 79.)

Tafel XVII.

UNBEKANNTER MEISTER. «DIE HASEN DEN LÖWEN PREDIGEND.» HOLZSCHNITT. (S. 84)

FSC
www.fsc.org
MIX
Papier | Fördert
gute Waldnutzung
FSC® C083411

Zeitfracht Medien GmbH
Ferdinand-Jühlke-Straße 7
99095 Erfurt, Deutschland
produktsicherheit@kolibri360.de